¿DE VERDAD
HABREMOS
PENSADO
ALGUNA
VEZ ALGO
QUE NUNCA
NADIE HAYA
PENSADO?

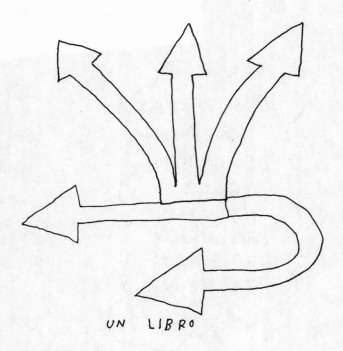

UN LIBRO

P: ¿CUÁNTAS VUELTAS
SE LE PUEDE
DAR A LO MISMO?

R: _____

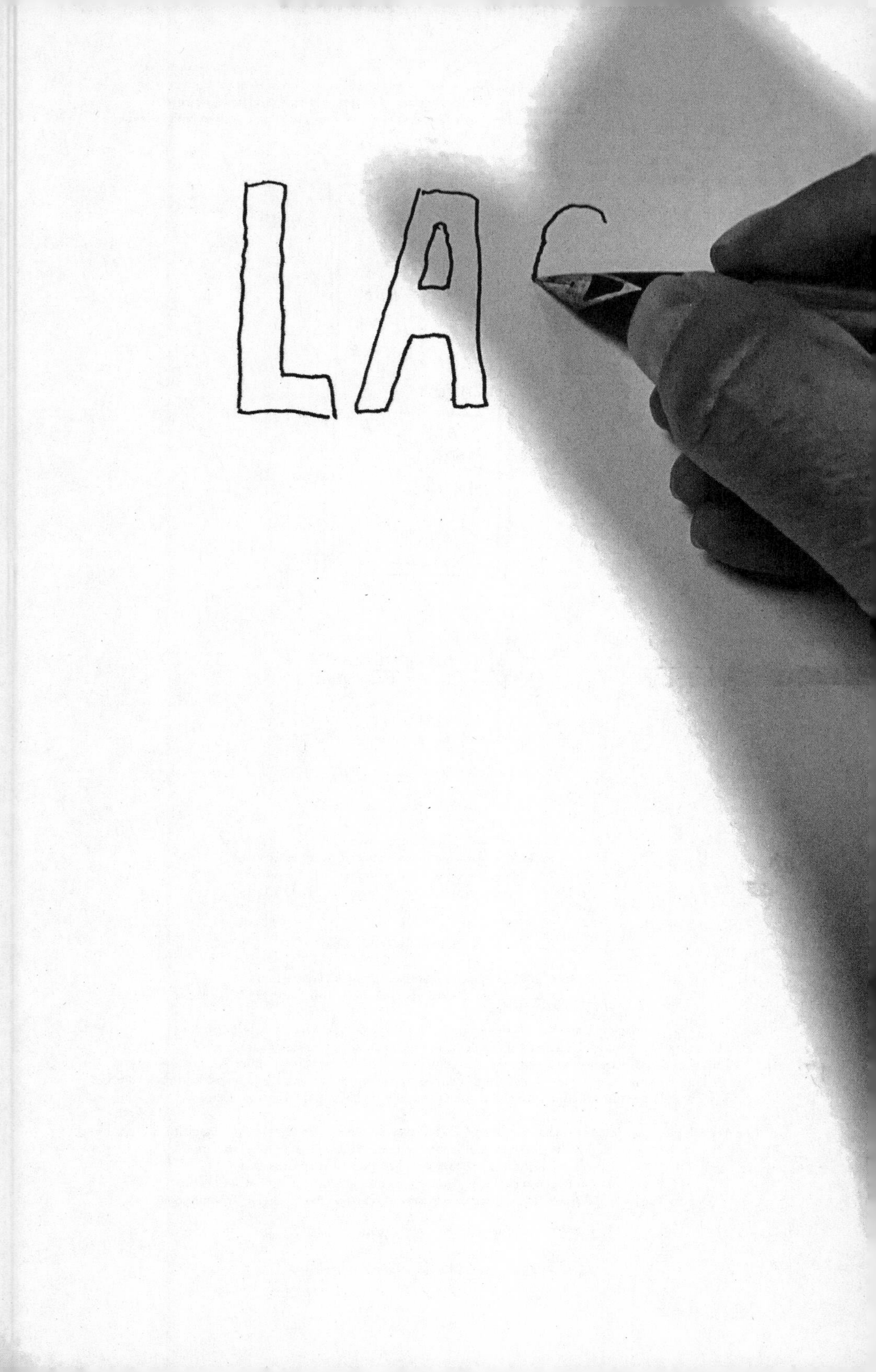
LA

El papel utilizado para la impresión de este libro ha sido fabricado a partir de madera
procedente de bosques y plantaciones gestionadas con los más altos estándares ambientales,
garantizando una explotación de los recursos sostenible con el medio ambiente y beneficiosa para las personas.

LO HEMOS ELEGIDO A USTED PARA QUE PUEDA TRANSMITIR TODO ESTO.

OJALÁ SEA CABAL Y LO HAGA.

GRACIAS

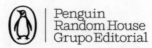

Penguin
Random House
Grupo Editorial

Las letras son dibujos

Primera edición: octubre, 2022

D. R. © 2022, Alejandro Magallanes

D. R. © 2022, derechos de edición mundiales en lengua castellana:
Penguin Random House Grupo Editorial, S. A. de C. V.
Blvd. Miguel de Cervantes Saavedra núm. 301, 1er piso,
colonia Granada, alcaldía Miguel Hidalgo, C. P. 11520,
Ciudad de México

penguinlibros.com

D. R. © 2022, Alejandro Magallanes, por las ilustraciones
D. R. © 2022, Alberto Manguel, por el prólogo

ISBN: 978-607-382-106-3

Impreso en México – *Printed in Mexico*

ALEJANDRO MAGALLANES

LAS LETRAS SON DIBUJ

Prólogo de Alberto Manguel

R

RESERVOIR BOOKS

VEA
DISTINTO

INFORMACIÓN IMPORTANTE:
LEYENDO
ESTAS PALABRAS
HAS ACTIVADO
NEURONAS
EN TU
CEREBRO
QUE NO SE
HABÍAN ACTIVADO
ANTES DE LEERLAS.

ALBERTO MANGUEL,
CURIOSO

Dibujo publicado en *Curiosidad. Una historia natural*, Editorial Almadía, 2015.

Para Alejandro Magallanes

Hacia fines del siglo VI a. C., el casi apócrifo poeta Simónides de Ceos escribió que "Poema pictura loquens, pictura poema silens", verso que generaciones de profesores de estética han traducido como "un poema es un dibujo que habla, un dibujo es un poema que calla". Más que un aforismo placenteramente equilibrado, Simónides quiso recordar a sus lectores que imágenes y palabras pueblan nuestro mundo de forma igualitaria y que nuestros debates sobre la supuesta invasión de la iconografía electrónica y la anunciada muerte de lo escrito tienen añejas raíces.

Alejandro Magallanes sabiamente no se preocupa por distinguirlas y crea con sus grafías imágenes que son textos o textos que son imágenes. Quizás haya en su trabajo en cubiertas de libros, carteles

11

publicitarios, objetos comerciales, un recuerdo ancestral de los orígenes míticos del idioma escrito. Dicen que los sumerios se inspiraron en los trazos que las aves dejaban con sus patas en el barro del Tigris y del Éufrates para grabar los primeros signos cuneiformes, que quieren ser sonidos y también conceptos hechos de sonidos. El psicólogo Julian Jaynes sugirió que, en sus inicios, la escritura producía alucinaciones auditivas: el lector no sólo veía los dibujos que representaban palabras articuladas, sino que también las oía, dando nacimiento en un acto singular a un evento que unía al menos dos de nuestros cinco sentidos.

Tan poderoso fue sentido este acto de magia que nuestras sociedades de lo escrito intentaron censurarlo. Asociar la palabra escrita a la creación de la vida (dar vida al pensamiento a través del trazado de signos que son también sonidos que comunican ideas) fue juzgado un acto de blasfemia. Sólo un Autor tiene o se arroga el permiso de crear; sus criaturas no deben atreverse a intentarlo. Un texto talmúdico advierte que quien intente crear la imagen de algo vivo será llamado el día del Juicio Final a hacer que su creación cobre vida; si no logra hacerlo (cosa que el Primer Autor no permite) será precipitado al fondo del Infierno. Dante ve en su ascenso al Monte Purgatorio imágenes esculpidas que dan la impresión de absoluta verosimilitud: pero éstas son la obra de Dios, no de los hombres, y Dante, poeta, se siente humildemente cohibido ante esta demostración del Arte perfecto.

Para evitar el pecado de crear, la cultura islámica concibió la caligrafía, el arte de dar a las palabras escritas la configuración de formas que son también imágenes de las cosas del mundo. Las espirales y volutas de los trazos del cálamo no desobedecen la ley del Corán (42:11) que afirma que sólo Alá creó los cielos y la tierra, que por lo tanto no hay nada que se le pueda parecer. La representación de un cuerpo humano o de un animal puede ser vista como un arrogante intento de parecerse al Creador; en cambio, un brochazo de tinta que copie fielmente una línea del Corán, no.

En la Edad Media, los escribas, quizá para animar las muchas horas de tedio que requería la tarea de copiar un manuscrito, imaginaron maneras de hacer "hablar" a las palabras, dando, por ejemplo, a las iniciales formas y colores extravagantes, decorando las márgenes con criaturas grotescas e impertinentes, diseñando páginas enteras a la manera de acrósticos o jeroglíficos en los que las letras actúan como astros en una constelación iconográfica.

Tal vez estas estrategias inspiraron a los poetas del siglo xx —Apollinaire, E. E. Cummings, Mallarmé, Maiakowski, Haroldo de Campos— a componer textos que son al mismo tiempo dibujos. Si bien hay antecedentes en los escritores de siglos anteriores (el cuento del ratón en *Alicia en el país de las maravillas* de Lewis Carroll o el "Alas de Pascua" de George Herbert en el siglo xvii), la noción de unir en un mismo acto palabra e imagen parece afirmarse después del modernismo.

Quizá la creación oficial del oficio de diseñador gráfico, que retoma estas estrategias, se remonte al primer año del siglo xx, cuando Frank Lloyd Wright publicó *The Art and Craft of the Machine*, en el que se asentaban las normas de diseño que se desarrollarían a la par de la incipiente tecnología electrónica. Desde entonces (pero los prestigiosos precursores son muchos) el diseño gráfico entrelaza las propiedades de la imagen y de la palabra en una infinidad de campos. Magallanes es sin duda una de las autoridades máximas en este oficio y su inmenso talento de artista gráfico inspira (pero no limita) la obra que aquí tenemos en nuestras manos.

Bajo la apariencia de garabatos, de líneas trazadas como por azar en momentos de indolencia, los diseños de Magallanes componen una suerte de tesoro de ideas, aforismos y epifanías visuales. "¿De verdad habremos pensado alguna vez algo que nunca nadie haya pensado?", reza la página inicial, y con aparente inocencia nos lanza en la espiral vertiginosa de los místicos que sostenían (con el rey Salomón) que no hay nada nuevo sobre la tierra y que toda novedad no es más que olvido. También con aparente inocencia, el libro acaba recordándonos a nosotros, sus espectadores o lectores, que nuestro cuerpo es también quienes somos: que la palabra, como intuyó Simónides, se hizo (y se hace) carne.

Alberto Manguel
Lisboa, 31 de julio 2022

Certezas

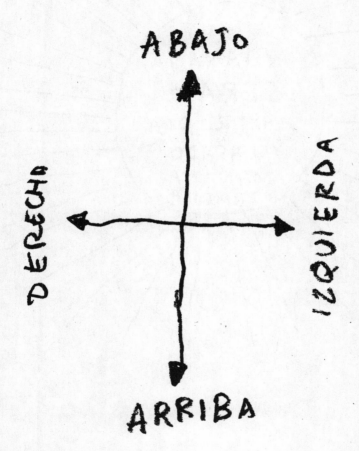

**El círculo que se transforma
y vuelve a ser un círculo.**

el burro
que tocó
la flauta
es un
genio
en
realidad.

tener
bonita
letra
y escribir
cosas
bien
feas.

A B C D E
F G H I J
K L M N Ñ
O P Q R S
T U V W X
Y etcétera.

La palabra "etcétera" proviene del latín *et cetĕra* que significa "y lo demás" y la usamos para sustituir lo que no nos interesa expresar. Es curioso que una palabra que sirve para obviar lo que no queremos escribir, o decir, sea abreviada además cuando la escribimos. Etc.

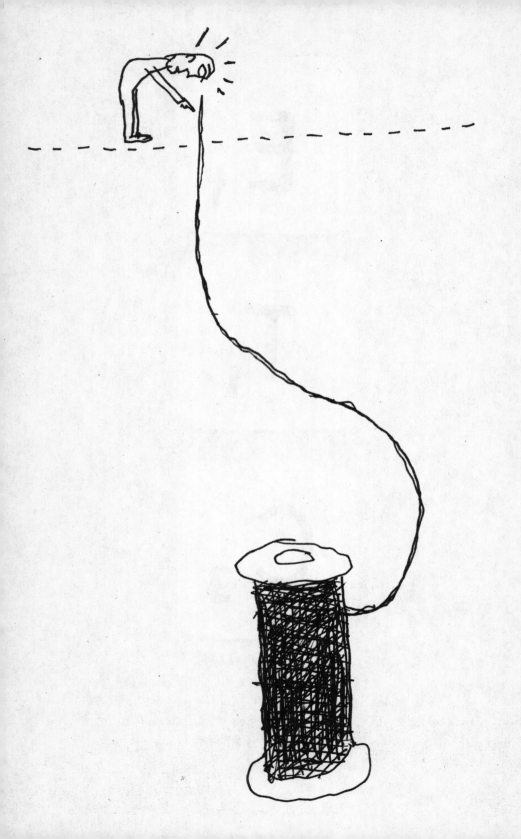

DESCUBRIDORES DEL HILO NEGRO:

TENEMOS EL GUSTO DE INFORMARLES
QUE EL HILO NEGRO TIENE DOS PUNTAS.

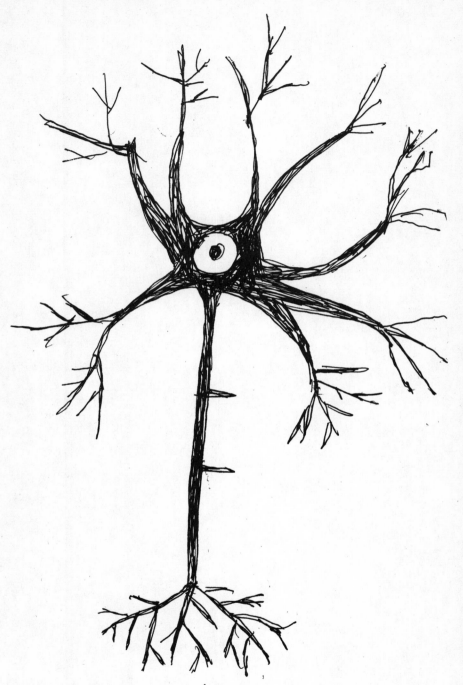

A: — ¡QUÉ FEO ÁRBOL!
B: — NO ES UN ÁRBOL, ES UNA NEURONA.
A: — ¡QUEDÓ MUY BONITA!

FIN

27

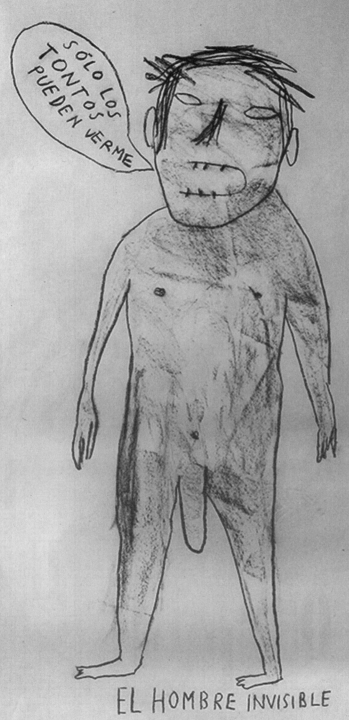

EL HOMBRE INVISIBLE

Tic tac (bis)

Cronos (el tiempo) castró a su padre, Urano (el universo), por órdenes de su mamá, Gea (la tierra), quien era también madre y esposa de Urano.

Nuestro tiempo sobre la tierra comienza con la división de la tierra y el universo. El tiempo es implacable con sus hijos, a quienes devora por temor a ser derrocado.

Zeus, hijo de Cronos, se salva escondido por su madre, Rea, y envenena a su padre provocándole un vómito en el que se liberan todos los dioses que se había tragado (entre ellos Poseidón, el mar, y Hades, el infierno), que finalmente lo someten. La guadaña con la que Cronos castró a su padre se mantuvo como parte de la imaginería que acompaña a la muerte.

Los genitales de Urano hicieron una espuma en el mar de la que nació Afrodita (el amor).

¿Y usted como gastó su tiempo hoy?

CALCULE

SEA
EL ALMA
DE LA FIESTA
HABLANDO
DE USTED
MISMO
EN TERCERA
PERSONA

34

ORCO DI SAURI, en su tratado del dibujo fechado en 1324, comenta que lo que más le entusiasmaba era lamerse la mano después de haber dibujado letras e imágenes por más de dos días sin parar, repitiéndose dulcemente entre dientes "bien hecho, bien hecho", mientras su Porlinca amada era arrasada, por quinta y última vez en el tiempo que estuvo vivo, por los feroces invasores del Occidente. Dicho tema terminó por enloquecerlo (nos queda el testimonio oral de Binófeles de Aquitinia, recogido cien años después por Simona de Grand Fouqué) que cuenta el triste final de Orco a la edad de 30 años con las manos amarradas por haber hecho conjuros con alimañas y otras cosas. Existe una versión ilustrada del incidente en un fanzine de cuatro ejemplares publicado por el colectivo Chentuca de la Ciudad de los Ángeles a principios de la década de los ochenta, el cual se puede consultar en una versión facsimilar en los archivos de la Biblioteca Mansaud en Westrochester, en la mancomunidad de Virgina, Estados Unidos.

En el códice Tlahuacatli aparece una imagen aparentemente dibujada por el Tlacuilo Tlatenotzin, en la que el dios Cuhcli, cuyo origen se relaciona según algunos expertos al uso del verde coral, color predominante del mismo documento, lame la mano de fray Gerónimo de Cholula, escribano nacido en Extremadura, quien a su vez frota con la palma de su otra mano un ahuehuete enano. Los antropólogos no coinciden en el significado de la imagen, hay quienes piensan que es inocuo, y hay quienes no lo consideran así.

Parece ser que lamerse la mano después de dibujar, escribir, copiar o transcribir es una costumbre que se pierde en el inicio de los tiempos. En las grutas de Chantzuén, al sureste de Miyoko, está la más antigua imagen del tema relacionada a algún rito de fertilidad. La sociedad de dibujantes de Miyoko-Corichi ha destinado gran parte de sus fondos a que la imagen no desaparezca por las manchas de humedad que dibujan las pequeñas cascadas provocadas por la lluvia incesante de esa región insular.

En el sur del continente americano, los miembros de la tribu Jitúrica (conocida principalmente por la profusa decoración de sus cuerpos) tradicionalmente lamen sus manos unos a otros después de haber sorbido el waruchú, bebida cuyo ingrediente principal es el artrópodo *Wuasalis Hiberius*, estudiado por varios lustros por la ciencia médica con resultados medianamente benéficos para pianistas, tenistas y dibujantes y sus respectivas tendinitis. Sin embargo, pareciera ser que lamerse la mano con la infusión y sin ella lleva a mejores resultados a los afligidos por esta dolencia.

Dibujar o ilustrar es proponer una mentira, salvo para quien lleva estos verbos a cabo sobre un papel, una pared o un monitor. En cualquiera de sus variadas manifestaciones en forma, estilo, concepto y aun en el caso de los registros más apegados a lo que se considere realidad, o texto, o certeza. Tener treinta años o menos es una circunstancia objetiva, que en el mejor de los pronósticos augura más tiempo de vida.

Lamerse la mano en tiempos de la peste resulta contraproducente si no nos la hemos lavado antes.

CUANDO
NO
PUEDA
VER
CLARAMENTE
CAMBIe
de
lugaR.

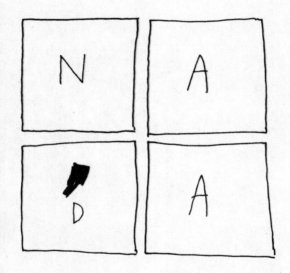

TRES HISTORIAS PEQUEÑAS Y EXTRAORDINARIAS

GRABÉ UNA PIEDRA PÓMEZ

LA ARROJÉ AL MAR

UNA SEMANA DESPUES Y MUCHOS KILÓMETROS DE DISTANCIA, LA ENCONTRÉ EN LA ORILLA DE LA PLAYA

MARQUÉ UNA MONEDA

PAGUÉ CON ELLA

CASI UN AÑO DESPUÉS LA RECIBÍ COMO CAMBIO.

UNA VEZ INVENTÉ UN CHISTE

AÑOS DESPUÉS ME LO CONTARON.

5

**preguntas
en torno a
los libros
para niños**

Dibujar una mano con seis dedos se ha hecho antes y se seguirá haciendo después.

Buenas días, buenos noches, tardes buenas. *Los retos del creador* se llama nuestra mesa, que gira alrededor de cinco temáticas en torno a la literatura para niños y jóvenes. He tenido la fortuna de estar involucrado en los libros para niños y jóvenes desde distintos ángulos y trincheras de trabajo. El diseño gráfico: desde el diseño de colecciones hasta la formación de libros. Desde la ilustración, ilustrando textos de otros autores. Desde el texto, escribiendo. Y todas las anteriores para los libros de mi autoría en los que diseño, escribo e ilustro.

Les hablé de cómo he participado en los libros para hacer notar que mi perspectiva es simplemente la del oficio, que no sé teorías, que mi opinión se basa en la observación, la intuición, el sentido común (o el sinsentido común) y, sobre todo, en las experiencias, que serán las que guiarán esta participación, y salpicaré algunos ejemplos de libros en específico en los que haya participado. Antes de contestar una serie de cinco preguntas que son la columna vertebral de nuestras participaciones, me hago un serio cuestionamiento:

¿Quién es el creador de un libro para niños?

Comenzaré por el final, como hacen algunos lectores cuando hojean un libro.

La cuestión es: *¿Los nuevos soportes son un reto a la hora de producir? ¿Consideran necesario e imprescindible tomar en cuenta el soporte en que será leída la obra?*

Obviamente esta pregunta se refiere a la tecnología: las tabletas, los teléfonos, las televisiones, las pantallas. Pero esa misma pregunta se puede trasladar a las publicaciones en papel. En cierta reunión en la Ciudad de México estaba con un grupo de escritores que decían que "un buen texto" trasciende el papel en que está impreso. Les comenté que tenían razón, y por eso quizá no fuera siquiera necesario que se imprimieran esos textos en papel. Me pareció una respuesta graciosa, aunque a ellos no. Yo les dije que un buen texto no hacía un buen libro. Para que ese texto se convierta en un libro debe tener una tipografía adecuada, estar planeado para imprimirse en cierto tipo de papel, tener un tamaño y peso adecuados y determinados acabados. Si el libro tiene un formato demasiado grande para un niño, por ejemplo, no significa que no lo leerá, sino que necesitará la ayuda de alguien más fuerte para bajarlo del librero. Todo esto se puede planear. En caso de deshojarse en un puente con ventoleras, se volverá un libro interactivo cuyos lectores tendrán la oportunidad de imaginar desenlaces, inicios y desarrollo pues no les quedará de otra. Un libro no se debe deshojar si no queremos que se deshoje. El *Quijote* deshojado no es un buen libro y es una afrenta grave contra el lector. El objeto afecta la forma en que leemos. Sirva esto de respuesta metafórica para la pregunta. El caso es, entonces, que con las nuevas tecnologías hay que planear para disfrutar la experiencia de leer en un pedazo de plástico, titanio o pantalla.

La antepenúltima pregunta, que es mi segunda, dice así: *¿Es un reto para los creadores imaginar hoy a su lector posible?*

La imaginación al poder. No es un reto imaginar a mi lector posible, el reto es que coincida lo que imagino con la realidad. En mi experiencia, el orden de las cosas cuando uno hace es: a) Que me guste a mí. b) Pensar que si me gusta a mí, le podrá gustar a alguien más.

Entonces lo que nos planteamos más bien es qué tan exigentes queremos ser con nosotros mismos. Hay un texto de Augusto Monterroso en su libro *La palabra mágica* que se llama "Los libros tienen su propia suerte". En el primer párrafo se lee lo siguiente: "Los libros tienen sus propios hados. Los libros tienen su propio destino. Una vez escrito —y mejor si publicado, pero aun esto no es imprescindible— nadie sabe qué va a ocurrir con tu libro. Puedes alegrarte, puedes quejarte o puedes resignarte. Lo mismo da: el libro correrá su propia suerte y va a prosperar o a ser olvidado, o ambas cosas, cada una a su tiempo.

No importa lo que hagas por él o con él."

Ahora, lo que hago y me gusta puede estar lleno de disgustos. Por ejemplo, se puede apelar a lo feo, a lo incómodo, a lo real, a lo incorrecto, a lo contrario que contraría, etcétera, y por esas capacidades gustarme y gustar. Como el gusto está en el terreno de lo privado, también contará como autor esa pequeña gran intuición que es ponerse en los zapatos de alguien más, sabiendo de antemano que habrá quien calce más grande o más chico que tú.

La pregunta de la mitad, que es la pregunta de la mitad para todos, es: *¿Las temáticas que son llamadas novedosas, duras, arriesgadas, tabú, etcétera, constituyen un reto?*

Mi respuesta obvia es la siguiente: claro que constituyen un reto y por eso son novedosas, duras, arriesgadas y tabúes. Habrá que identificar cuáles son, dependiendo de las distintas culturas. Por ejemplo, las groserías. Piense usted en la palabra culo: y, como editor responsable, si la deja como la propone el escritor de álbum ilustrado, o si la cambia a nalgas, trasero, etcétera. Será distinto en México, España, Colombia o Chalchihuites. Ahora los segmentos de lectores de acuerdo con su edad están tan identificados mercadológicamente por las editoriales (bueno, dirán pedagógicamente). Yo recuerdo haber leído *Los tigres de la Malasia* como a los siete años. En las jerarquías de las grandes editoriales no sé en qué estante lo pondrían. Platicando con algunas mujeres de mi edad sobre las primeras imágenes sexuales que vieron, varias me respondieron que fue pornografía. Un dato curioso para un tiempo en el que la pornografía no era tan fácil de ver y consumir como ahora. Vieron dichas imágenes como prepúberes o adolescentes. Sé que no es una encuesta exhaustiva ni un dato científico, pero son amigas relacionadas con el mundo de la literatura, el diseño o la ilustración. Fueron imágenes que encontraron y abrieron su curiosidad. Muchas de las temáticas que llamamos duras, arriesgadas y tabú están en el terreno de lo humano común y que nos interesa a todos: el otro, el sexo, la diferencia y la muerte. En casa de mis abuelos, en el peldaño de arriba del librero encontré muy niño una versión ilustrada de *Las mil noches y una noche* (así era la traducción de ese libro). Un libro muy gordo a través del cual me enteré que Sherezada era muy aventajada en todo tipo de narraciones, y me contó cosas que me fascinaron, excitaron, ilustraron, enseñaron y estimularon mi imaginación. Las ilustraciones no eran especialmente sexuales, pero no rehuían el cuerpo. Me parece que entendí a esa edad lo que pude entender respecto a la sexualidad de los cuentos, así como a la crueldad de algunos episodios. Las letras se insertan en la cabeza de forma distinta que las imágenes. Pensemos en imágenes y qué clase de imágenes sería considerada novedosa, dura, arriesgada y tabú.

***¿Podemos hablar de una ética personal en la producción de
obras (literarias o no) para niños?***

Yo pienso que sí. Hay que ser y hacerse responsable del propio
trabajo. En general no hay problema con la literatura, pero sí lo
hay, por ejemplo, con los libros de texto. Hace algunos años me
invitaron a diseñar e ilustrar unos libros de texto cuyo enfoque
general no coincidía con cosas en las que creo, y preferí no
participar. Era un caso extremo, con textos bien redactados de
ideas que me parecieron muy conservadoras. He participado
en otros libros de texto en los que puedes hacer un pequeño
contrapunto o comentario con la imagen, aunque la mayoría de
las veces no es posible. No hablo de los libros de matemáticas,
sino los que tienen que ver con temas como historia, sexualidad,
civismo, incluso ciencias naturales... Y surgen más preguntas
respecto a los libros de texto: ¿no es el trabajo del ilustrador el
que se lean también esos textos por el interés que provocan las
imágenes? ¿Que dicha ilustración potencie el texto? ¿Que la
ilustración refuerce la idea de ese texto? Son preguntas que se
responden individualmente. ¿Participaría usted ilustrando un
texto para niños que negara los descubrimientos de Darwin
o Freud, contraponiéndolos a una teoría religiosa? ¿Y si se
contraponen a otras teorías científicas? ¿Y si no sabemos mucho
del tema?

Muchos ilustradores entran en el terreno profesional de la
ilustración para niños y jóvenes por el lado de los libros de texto.

***¿Un ilustrador debe cuestionar los contenidos que le han
asignado ilustrar?***

La ética personal en el diseño también tiene que ver con los
aspectos de producción de la obra; formatos que no desperdicien
papel, por ejemplo.

La manera en que yo he resuelto estas cuestiones es pensando si daría dicha obra a mi hija para que jugara, imaginara, aprehendiera de ese libro.

La última pregunta que nos sugirieron para hablar en esta mesa es: *Ofrecer resistencia a factores que atraviesa la LIJ como, por ejemplo, temáticas o géneros de moda, encargos con diversos fines, requerimientos de ciertas características de longitud o de otros aspectos, ¿es un reto para el creador?*

Lo más cerca de los temas de vampiros en los que he estado involucrado fue en una biografía literaria de Bram Stoker, que espero sea todo un éxito comercial. He participado en un sinfín de proyectos con todo tipo de temáticas. Algunas vienen completamente definidas por el editor, otras por el autor de un texto, otras son definidas por el editor y por mí mientras vamos avanzando en el proyecto, en otras el editor me propone un tema para que yo lo desarrolle, y en otras yo propongo la publicación al editor. En la mayoría de los casos estas posibilidades se meten en una licuadora y creamos una nueva posibilidad de encargo.

Me gusta definir el encargo como un juego en el que hay distintas reglas, y es muy interesante cuando las reglas las definimos en conjunto. Dentro de ese campo nos movemos. Hablando en imágenes, si las reglas indican que se puede jugar en un área de dos por dos metros, podemos sacar las canicas o construir una torre de veinte pisos. El último encargo que tuve fue hacer un libro de actividades de más de 300 páginas que tuviera como tema lo que pienso de las palabras, sus sonidos, la poesía visual, en fin. El libro se llama *Libro*.

Si su niño o niña no gusta de leer y usted quiere que su niña o niño lea, prohíbale leer.

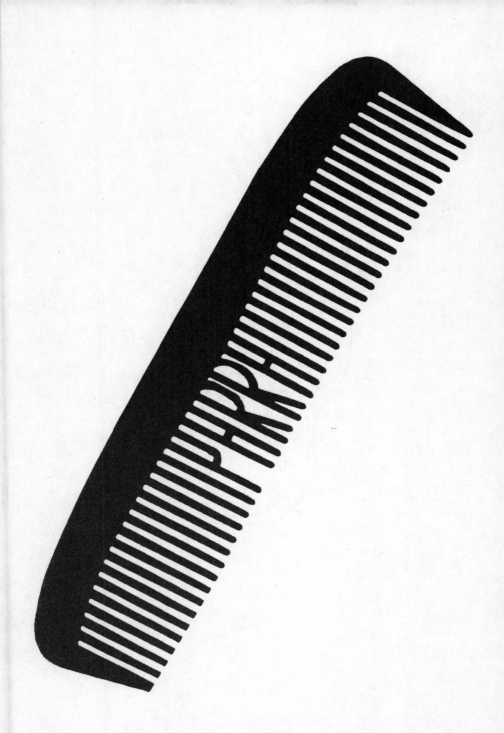

Poemas para combatir la calvicie

A VECES
LA MÚSICA
ES UNA
LECTURA
EN
VOZ
ALTA.

ME GUSTA QUE UN
MÚSICO LEA SUS
PARTITURAS.

ME GUSTARÍA
PODER LEERLAS.

CANCIÓN

ME DICEN EL MASCAFIERRO
PORQUE MASCO FIERRO

ME DICEN EL MASCAVIDRIO
PORQUE MASCO VIDRIO

ME DICEN EL MASCACORCHO
PORQUE MASCO CORCHO

ME DICEN EL MASCABADO
PORQUE... NO SÉ POR QUÉ

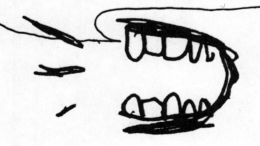

PASADO MAÑANA

Decir pasado mañana parece
un buen deseo: pensar que
mañana llegará y asegurar que
lo hemos pasado para encontrar
un nuevo mañana. Por otro
lado la construcción de esta
locución contiene una paradoja,
cuya proposición parece falsa
uniendo el pasado y el futuro.
Las imágenes están contenidas
en las palabras; me soprende
mucho como hemos construido el
lenguaje que es nuestro principal
acuerdo.

Piense en todo esto pasado
mañana.

ATENCIÓN
TERRÍCOLAS
ÉSTE ES
UN MENSAJE
MUY IMPORTANTE
POR FAVOR
INFORMEN
A SUS SERES
QUERIDOS,
YA QUE
PROBABLEMENTE
NO VAYA
A DURAR
MUCHO ESTE
COMUNICADO

1.

Tiempos de catástrofe. Los últimos alienígenas abandonan la Tierra desde el último lugar que escogieron para habitar entre nosotros, nada más y nada menos que Oaxaca de Juárez, Oaxaca. Ya doña Margarita Maza ha abordado la nave, después de haber permanecido criogenizada en el castillo de Chapultepec, tiempo durante el cual le han practicado un corte de uñas de manos y pies. Los pedazos de uñas han sido enterrados con honores. De don Benito* sólo se conserva su peine de marfil con incrustaciones de concha nacar. No hay información comprobable que nos diga si doña Margarita lo lleva con ella (el peine, repetimos que a don Benito no se le encuentra), lo que ha provocado sangrientas luchas al seno de la sección 1/4 del sindicato de los maestros, y una mesa redonda entre los políticos del estado a la que no ha asistido casi nadie, más que el gobernador, tres paleras no identificadas, un vendedor de helados de chico zapote y el presidente de la República. Los gusanos han abandonado los mezcales y los mezcales han abandonado las botellas.

* Suena bien De Don Benito. Y mi bosque madura.

Las botellas siguen intactas. La población no muestra alarma alguna, más que quienes sí la muestran pero guardan muy bien las apariencias. La nave, que era conocida por los oaxaqueños como la Casa de Cortés, y por otros cuantos como el Museo de Arte Contemporáneo de Oaxaca, está a punto de despegar. Hay quien ya planea comprar el terrenito que dejará vacío para poner al fin el mentado McDonald's. Las obras que integraban la colección del MACO han sido utilizadas como combustible, lo que ha provocado el escándalo entre los amantes del arte, los guardianes de las buenas costumbres y las guardianas acostumbradas a las artes de los buenos amantes. El tiempo transcurre y los perros siguen cagando y orinando, al igual que sus dueños y el resto de los habitantes del planeta.

2.

Información clasificada por la NASA, la APPO y la UABJO se ha filtrado por una coladera a espaldas del Hotel Camino Real, donde se celebraba el bailongo de una boda en la que la

Evidencia

Fig. III. *Post-it rosa.*

Fig. IV. *Los extraterrestres adoptan formas caprichosas para pasar disimulados ante la población.*

Fig. V. *Llavero usado para resguardar las llaves de la anterior ubicación de la nave.*

ATENCIÓN
TERRÍCOLAS
ESTE ES
UN MENSAJE
MUY IMPORTANTE
POR FAVOR
INFORMEN
A SUS SERES
QUERIDOS,
YA QUE
PROBABLEMENTE
VAYA
ESTE ES
ESTE EDIFICI
ES UNA NAV
PERSONAS AD
PARANDO LOS
ER REGRESAR

Fig. 11. *Todos los que usan gorras son extraterrestres.*

novia iba vestida de tehuana. Un *post-it* rosa revelaba la evidencia con un texto escrito en términos matemáticos, traducidos a zapoteco antiguo y muy difíciles de descifrar. Dicho papelito fue encontrado aproximadamente a las cuatro de la mañana por un individuo que acompañaba a Carlo di Franco y a Gerome López a comer tostadas de pata en Los Libres, y que fue usado como servilleta para limpiar la vinagreta que escurría de los rosados metacarpos de los marranos. Tambaleándose, el individuo en cuestión, guardó el extraño documento en su calzón de manta, para después quedarse dormido, espinándose en el jardín del atrio de Santo Domingo, a unos pasitos del lugar en que la nave preparaba su salida. La mañana ya clareaba; Gerard Race y William Corzo, borrachos y angustiados por haber perdido la información, canturreaban dulcemente el último éxito de la banda El Recodo.

3.

El hombre del calzón de manta fue recogido sin su calzón de manta por elementos de la AFI. Tanto el calzón bordado primorosamente como el papelito rosa fueron exhibidos como pieza del mes en el IAGO, para ser presentados posteriormente como parte de una exposición que preparaba el Museo Nacional de Antropología e Historia, y que itineraría en tres países africanos en una instalación que recreaba un entierro mixteco con cráneos agujerados, caracoles fosilizados, dientes de tiburón y tamarindos cristalizados. Al respecto de esta muestra, los expertos sugirieron que se trataba de una receta para preparar la salsa que servía de condimento para cocinar un sabroso roedor de la región, que desafortunadamente se encontraba en vías de extinción por sus cualidades curativas para despejar los riñones.

4.

La nave despegó, incinerando con sus turbinas el centro histórico de Oaxaca. Pero la vida siguió con la indiferencia y resignación con la que los seres vivos suelen vivirla.

— ¿Usted
sabe decir no?
— No.

Fin.

EL

EGO

ES UN

BASTÓN

Pensaba, mientras caminaba en
el campo, que el ego es un
bastón que nos ayuda a caminar
en algunas pendientes. Es
sencillo, es un palo. Decoramos
el bastón: le añadimos joyas,
lo aderezamos con menciones,
triunfos, temores. Lo recubrimos
con telas, oro, hojalatas.

Exhibimos el bastón en casa,
para que la gente lo admire.
¡Qué va! Necesita un museo,
investigadores, reportajes, un
policía para cuidarlo, también
un curador. Etcétera.

Ese bastón ya no cumple su
función. Etcétera.

Etcétera.

Percepción

(*Fig.* 1)

(Fig. 2)

No más mezcal

LE VOY A CONTAR POR QUE ES IMPORTANTE ESTE DIBUJO:

Pero ANTES, PERMÍTAME AGRADECERLE POR EL TIEMPO QUE le DEDICA A ver Y A LEER ESTO: GRACIAS. Y CLARO, es justo EL TIEMPO lo QUE es IMPORTANTE. YO LE HE DEDICADO AL DIBUJO tiempo, EN QUE NO REGRESARÁ JAMÁS. TIEMPO QUE HUBIERA podido deDICAR a otRAS miles de COSAS. PodRía enlistaR ALGUNAS, pero me PARECE que quedaRÍAn EN el terreno de lo ACCIDENTAL, de lo circunstancial. Y yo quiero ser muy Respetuoso de su tiempo. ¿pero sabe? ME PARECE que habiendo llegado A ESTE PUNTO le voy a contaR Alguna de las actiVIDAes que hubieRA podido hacer: UN DIBujo natuRalista y descriptivo de una especie animal en peligro de extinción. Así, usted como espectadoR/lectoR, hubieRA tenido infoRmación que quizá ANTes no tuvieRA y se sentiRÍA tRiste pues ese animal tan bonito está a punto de desaparecer para Siempre... lo malo es que esto ocuRRe todos los DÍAS: OcuRRe que desaparecen especies de animales, pero lo que también ocuRRe es que ocupamos el tiempo en actividades que elegimos y que no sabemos si SERÁn las últimas que haRemos en la VIDA. Al momento que estoy haciendo esto, se convierte POR un Momento en lo más valioso de mi VIDA. POR eso es 1mpoRtante este DIBUJO.

¿SE HA PREGUNTADO DE QUIÉN ES LA VOZ QUE ESCUCHAMOS CUANDO LEEMOS?

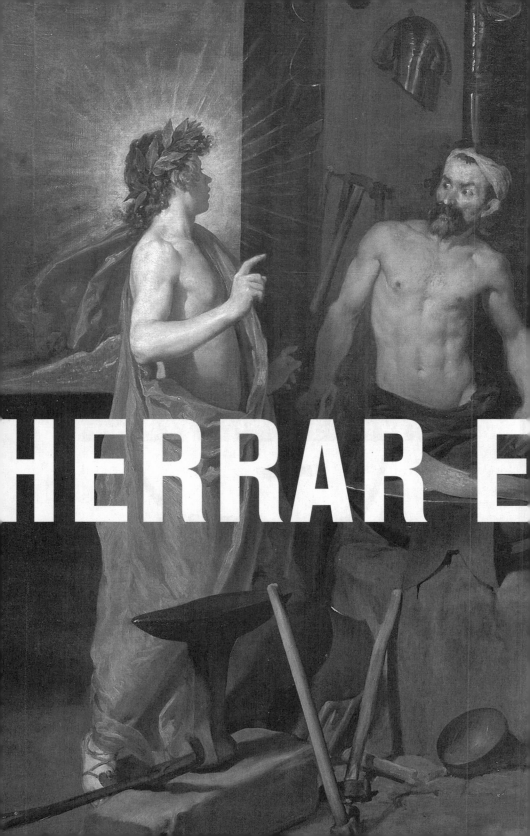

S HUMANO

Diego Velázquez
La fragua de Vulcano
1630, óleo sobre lienzo
223 cm × 290 cm
Museo del Prado,
Madrid, España

¿Leer es necesariamente bueno?

Creo que leer es mejor que no leer, así como saber es mejor que no saber.

¿En tu labor como diseñador es necesaria la lectura? ¿Un diseñador tiene que leer?

Me parece indispensable. Las herramientas del diseñador son las imágenes y las palabras. Se leen las imágenes y se leen las palabras, se ven las imágenes y se ven las palabras. Leer literatura siempre beneficia. A mis alumnos les sugiero que lean poesía: hacer el ejercicio de sentir, buscar y reconocer las imágenes que nos proponen los poetas por medio de las palabras es una forma de ver.

Hay diseñadores que hacen esfuerzos máximos para expresar sus ideas con pocas palabras o incluso sin ellas, campañas eficaces se han basado en una sola palabra, o en dos, la imagen gana cada vez más espacio tanto en redes como en medios de comunicación. ¿Puede desplazar el leguaje visual a la escritura y a su vez a la lectura tradicional?

No. Son medios distintos. Son lenguajes que no son excluyentes. A veces son lenguajes que combinan muy bien, uno alimenta al otro. Ahora, piense usted en la Edad Media, donde la mayoría de la gente no leía, y en donde mucha de la formación religiosa se daba a través de la pintura, de lo visual, de lo musical, los cantos y la oralidad. ¿Desplazó el lenguaje visual a la escritura? No. La historia de la lectura evolucionó de distinta forma.

Dicen que hay que leer "lo que sea", pero leer a Heidegger es casi imposible para la mayoría, leer los tratados de economía de Keynes es a veces muy complicado. ¿Por qué es difícil aceptar que la lectura puede ser aburrida o difícil o que no nos gusta?

Cada cabeza es un mundo, y estoy seguro de que existen los libros que puedan interesar a dichos mundos. Y claro que hay libros que pueden fascinar a unos y aburrir a otros. Hay que leer lo que sea que te guste, te entretenga, te informe, te haga feliz, te haga comprender, te cuestione, etcétera. Y, claro, hay libros para especialistas.

Los relatos de Lovecraft, *Los cantos de Maldoror* o *Farabeuf*, de Salvador Elizondo, habrán dejado en estado de insomnio a varios cientos de personas que querían leer, les robaron el sueño. Después de estos libros es casi un impulso masoquista volver a leer.

Insomnes, pero felices por la experiencia. Dejar de comer por estar picado con un libro, también pasa, mientras, te devoras el libro.

También hay libros que decepcionan.

Cuando algo te decepciona es porque esperabas algo de ello. Hay que ver lo que esperabas y comenzar un nuevo libro.

¿Hay razones para no leer?

No, quizá sólo de índole oftalmológica.

¿Qué tendría que pasar para que usted dejara de leer?

Estar muy cansado y preferir dormir.

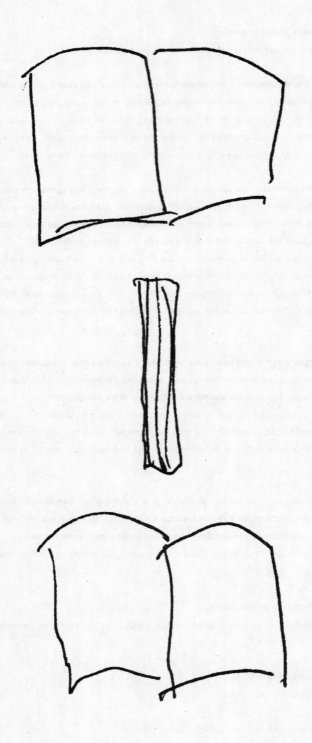

LIBRO APLAUDIENDO
(ALGUIEN LO CERRÓ
Y ALGUIEN LO HA VUELTO
A ABRIR)

Tripas

HAY LIBROS QUE NOS DAN OTRAS PERSPECTIVAS.

ANTE CIERTOS LIBROS, UNO SE PREGUNTA ¿QUIÉN LOS LEERÁ? Y ANTE CIERTAS PERSONAS UNO SE PREGUNTA ¿QUE LEERÁN? Y AL FIN, LIBROS Y PERSONAS SE ENCUENTRAN. A.G.

*ANDRÉ GIDE

A
VECES
LOS
LIBROS
NOS
REFLEJAN

¡OH, QUÉ BONITO LIBRO!

¿ES CARO UN LIBRO?

¡QUIZÁ LA PRIMERA VEZ QUE LO LEES O VES ES CARO! LA SEGUNDA, MENOS Y SI ES UN LIBRO QUE TE ACOMPAÑARÁ TODA LA VIDA

SERÁ MUCHO MÁS VALIOSO QUE EL DINERO QUE TE COSTÓ

ALGUIEN ME ESTÁ
LEYENDO

ALGUNOS PELIGROS PARA EL LIBRO:

EL AGUA

EL FUEGO

POLILLAS

(Y OTROS BICHOS)

QUE NO SEAN LEÍDOS

A VECES LOS LIBROS VIEJOS GUARDAN ENTRE SUS PÁGINAS →

→ OTROS PAPELES, PÉTALOS DE FLORES, HOJAS DE ÁRBOLES, FOTOGRAFÍAS, BILLETES, CARTAS, DOCUMENTOS...

HAY QUIENES LES LLAMAN TRIPAS

Y MUCHAS VECES SON EL TESORO DEL TESORO.

EL MISMO
LIBRO NUNCA
ES EL MISMO
LIBRO NUNCA
ES EL MISMO
LIBRO NUNCA

DÍAS DESPUÉS

CADA VEZ QUE
ENTRO A LA MISMA
LIBRERÍA
ES
UNA
LIBRERÍA
DISTINTA

UN LIBRO

1950

1964

1988

2017

CONTINUARÁ...

OTRO LIBRO

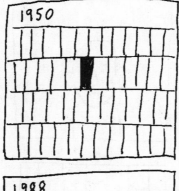

1950

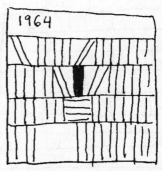

1964

1988

2017

CONTINUARÁ...

A VECES LAS CIUDADES SON LIBREROS Y LOS LIBREROS CIUDADES

OJALÁ QUE LOS MUROS SE VOLVIERAN LIBREROS.

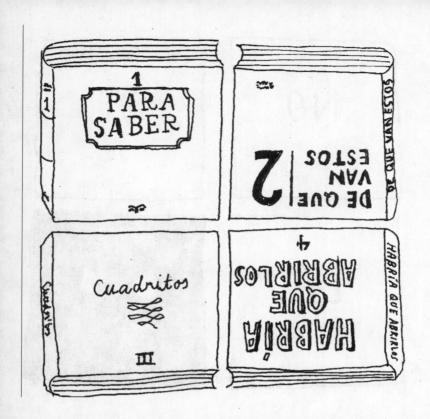

EL
CALENDARIO
ES
UN LIBRO
CON
FOLIOS GRANDES

ANOTAR
EN UN LIBRO
ES
TATUARLO.

LA
MEJOR
FORMA

DE
TENER
DOS
ESCRITORES
JUNTOS

ES

EN UN LIBRERO

LO BUENO DE
LLEVAR UN
LIBRO, ES QUE
ESE LIBRO
TAMBIÉN NOS
LLEVA A
NOSOTROS...

LOMO

FOLIO

CANTOS

GUARDAS
CORNISAS
FAJA
FORRO
CUERPO
APÉNDICE
CAPITULAR

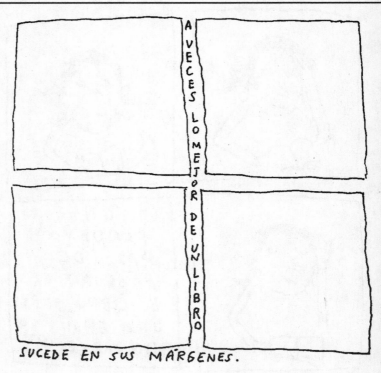

A VECES LO MEJOR DE UN LIBRO

SUCEDE EN SUS MÁRGENES.

O LA PRIMERA?

ÚLTIMA
PÁGINA

HOJEA
LOS LIBROS
COMENZANDO
POR LA

¿Y USTED...

UN
PEQUEÑO
PASE DE
PÁGINA PARA
EL LIBRO, PERO
UNA GRAN
PASO PARA EL LECTOR

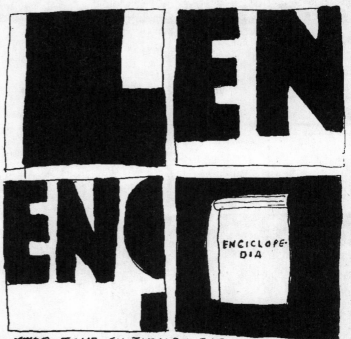

TOME SU TIEMPO PARA ADMIRAR LA BELLEZA DE UNA ENCICLOPEDIA IMPRESA.

HAY LIBROS

QUE ALGUNA VEZ

FUERON ÁRBOLES

AL

LOS LIBROS QUE

PASE A VEER Y A LEER ESTA EXPOSICIÓN

RO, MAGALLANES

ME HAN MARCADO

EMPI

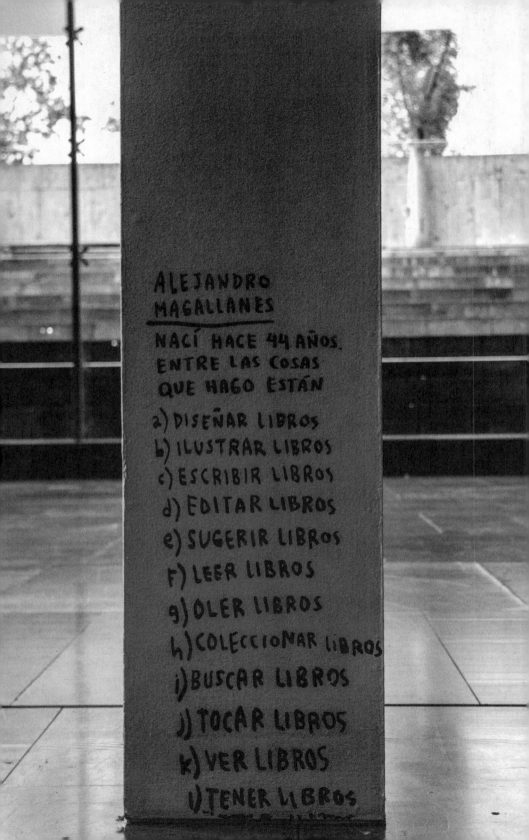

ALEJANDRO
MAGALLANES

NACÍ HACE 44 AÑOS.
ENTRE LAS COSAS
QUE HAGO ESTÁN

a) DISEÑAR LIBROS
b) ILUSTRAR LIBROS
c) ESCRIBIR LIBROS
d) EDITAR LIBROS
e) SUGERIR LIBROS
f) LEER LIBROS
g) OLER LIBROS
h) COLECCIONAR LIBROS
i) BUSCAR LIBROS
j) TOCAR LIBROS
k) VER LIBROS
l) TENER LIBROS

Primeros libros

Tuve la fortuna de que en casa hubiera libros. Entre mis recuerdos más antiguos veo libros en los libreros y a mis padres leyendo: mi papá leyendo libros de Luis Spota, *Los hijos de Sánchez* de Oscar Lewis, los de Mario Puzo, además de sus libros de ingeniería, y mi mamá leyendo novelas de autores como García Márquez, Elena Garro o la colección de *Los reyes malditos*. Mis padres recibían el periódico y lo leían completo.

Mi mamá compraba libros semana a semana y así completó varias enciclopedias: la Salvat, la de la Revolución mexicana, *Grandes maestros de la pintura,* así como libros que publicaba Promexa de literatura universal y literatura mexicana. Compraba también libros de Era y los de lecturas mexicanas. Ahora sé que para mis padres comprar esas enciclopedias y esos libros implicaba un gran esfuerzo económico. Para nosotros un nuevo número de las enciclopedias era motivo de alegría y, apenas llegaba, mi hermano y yo nos acostábamos en el piso para ver todas sus imágenes.

Nuestro cuarto también tenía libreros para nosotros, atlas de animales (con fotografías que mi hermano y yo veíamos una y otra vez), atlas geográficos y colecciones de libros temáticos sobre el mundo y sus cosas (libros ingleses traducidos al español de España) que estaban ilustrados de forma más moderna. Había libros de literatura como *Los viajes de Gulliver, Los tigres de la Malasia, Tom Sawyer* (que tenían algunas ilustraciones que nos gustaban mucho). Nos suscribieron a la revista *Chispa* y nos compraban *Cantinflas Show*. Teníamos también varios de los clásicos ilustrados en formato de historieta publicados por Novaro, así como varios libros rusos con historias, leyendas y fábulas. Además de los libros que nos compraban nuestros padres, sabíamos perfectamente quién nos había regalado cada uno de los libros que estaban en nuestro cuarto y por qué era

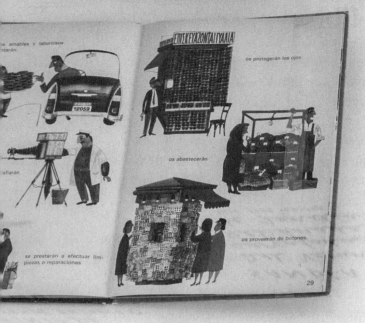

s amables y laboriosos
tarán.

os protegerán los ojos

os abastecerán

12052

afiarán

os proveerán de botones.

se prestarán a efectuar lim-
piezas o reparaciones

29

El campanile tiene 98 metros de altura.
En 1902 se derrumbó la torre primitiva.

antino. ador-
mosaicos.

43

PARA LEER
AL PATO DONALD
COMUNICACIÓN DE MASA Y COLONIALISMO
A. DORFMAN – A. MATTELART

10ª edición

UN CURIOSO LIBRO
QUE ME ENCANTÓ LEER
EN MI PUBERTAD,
LLENO DE TEORÍAS DE LA
CONSPIRACIÓN...

M. Sasek

esto
es
roma

DOS Siglos
de
Cuento
Mexicano
XIX y XX

Poesía
Mexicana
I
1810 - 1914

Elena
Poniatowska

José Emilio
Pacheco

Las batallas en el desierto

ANIMALES
QUE SE
COMEN A
LOS LIBROS

EL LIBRO DE LAS MIL
NOCHES Y UNA NOCHE

TRADUCCIÓN DIRECTA
Y LITERAL DEL ÁRABE
J. C. MARDRUS
VERSIÓN ESPAÑOLA DE
V. BLASCO IBAÑEZ

EDITORIAL PROMETEO
VALENCIA

EL LIBRO DE LAS
MIL NOCHES ¿ UNA NOCHE

TRADUCCIÓN DIRECTA
Y LITERAL DEL ÁRABE
J. C. MARDRUS
VERSIÓN ESPAÑOLA DE

EL LIBRO DE LAS MI
NOCHES Y UNA NOCH

TRADUCCIÓN DIRE
Y LITERAL DEL ÁR
J. C. MARDR
VERSIÓN ESPAÑOLA
V. BLASCO IBAR

PROMETEO
VALENCIA

motivo de celebración, y asociábamos el nombre del libro a quien nos lo había regalado: el libro de animales de mi padrino Fer, los mapas de mi tía Cristi, los libros del tío Carlitos. Mi mamá nos leía en las noches, por ejemplo, *Corazón, diario de un niño*. Yo imaginaba a los personajes como a mis amigos de la escuela o de la liga de besibol.

Después nació mi hermana y lo mismo: ella tenía su librero y sus libros.

A mi hermano Roberto le gustaba leer mucho más que a mí, que me gustaba más poner discos. Mi hermano leía mucho y cuando yo quería jugar con él, me decía que esperara a que terminara la página o el capítulo de su libro. Como yo me aburría esperándolo, fue mi hermano quien me daba libros que sabía que me gustarían, así no lo molestaba insistiendo una y otra vez. Recuerdo estar juntos en el sillón leyendo, antes de jugar a muchas cosas. Llegamos a jugar cosas que leíamos en los libros: caballeros, dragones, piratas, vaqueros. Me volví lector gracias a mi hermano y gracias a que en mi casa había libros para leer.

En el librero de la casa estaba *El tesoro de la juventud*, que mis abuelitos le habían comprado a mi mamá, y que manipulábamos con mucho cuidado, como si fuera casi una reliquia. A mis tres hermanos nos gustaba la sección de juegos y pasatiempos y la del libro de los porqué. Cada uno tenía su sección favorita. Me encantaban las fotos antiguas y los grabados que ilustraban las secciones. A mi hermano le gustaba leer sobre la Primera Guerra Mundial. Ahí leí algunos de los poemas modernistas que después recitaría en los concursos de oratoria de la escuela y cuya cursilería tendría muy escaso éxito entre mis compañeros. Mi hermana leyó todos y cada uno de los tomos de *El tesoro de la juventud*, desde el índice hasta el punto final. Mis papás después nos compraron otra versión más moderna de *El tesoro de la juventud* publicada a finales de los setenta, pero a ninguno nos gustó tanto como ésta de pastas verdes y lomos elegantes.

Algunos de los libros que leíamos tenían pocas ilustraciones. Eran viñetas (realistas) que tenían un pie de texto que enfatizaba alguno de los momentos que habíamos leído antes. La importancia de los dibujos es que daban información, por ejemplo, de cómo se vestían los personajes, cómo era un galeón o un mueble o una isla.

Varios de los primeros libros que leí sin ilustraciones pertenecían a la colección Sepan Cuantos. Por ejemplo, leí *Santa*, de Federico Gamboa. Para que me interesara más el libro, mi mamá me llevó una vez al cementerio que está entre la avenida Revolución e Insurgentes, y me dijo que probablemente Santa e Hipólito estaban enterrados ahí en la fosa común.

A mi hermano le fascinaban los libros de Sandokán y los tigres de la Malasia. Probablemente son los primeros libros que me hayan recomendado en mi vida.

Me gustaba mucho ver la enciclopedia de la Revolución mexicana, con fotos de Casasola. Ver en foto las batallas, los trajes, los héroes y villanos, los fusilados, los trenes, los caballos, los desfiles, los ahorcados. Recuerdo haberme impresionado con la foto de la operación donde le amputaban la mano a Álvaro Obregón. Mano que veríamos muchas veces con morbo, asco y fascinación en el lugar de la Bombilla, en donde lo asesinaron y cuya imagen del crimen también vi en dicha enciclopedia.

Había en el librero algunos libros que los niños no podíamos leer. Bastó eso para que mi hermano se leyera completito *Crimen y castigo* de Fiódor Dostoievski en una semana. Después me lo pasó y lo leí también. Sufrí mucho con Raskólnikov, y es probable que haya influido en mi gusto por lecturas o películas que tengan como tema la culpa.

Un poco antes, me enamoré por primera vez (sin darme cuenta o haciéndolo consciente muchos años después) de la protagonista

de la novela *Mujercitas* de Louisa May Alcott, y a quien me imaginaba con la imagen de mi prima. No me gustó que el libro acabara, y menos me gustaron los otros libros que continuaban la historia: aquellas mujercitas y aquellos hombrecitos. Bah.

Un clásico de Miroslav Šašek, la colección Esto es, en donde el artista escribía y dibujaba sobre distintas ciudades: una guía para conocer otros lugares a distancia. Mire los libros y piense la diferencia entre ver una ciudad dibujada y una ciudad fotografiada.

Otros libros que nos gustaban mucho eran los de *Carlitos y Snoopy* y la colección de Mafalda de Quino, publicados por Nueva Era. Mi hermano comenzó a colorearlos con lápiz Prismacolor y me invitó a hacerlo también aunque yo me saliera de la raya, pusiera colores imposibles o marcara demasiado el papel.

Un gran triunfo como lector fue leer en Sepan Cuantos *Astucia, el jefe de los hermanos de la Hoja o los charros contrabandistas de la Rama* de Luis G. Inclán, que me parecía interminable y del que me saltaba páginas para ver si sucedía algo después (regresando con culpa a la página en que me había quedado). Fue el primer libro que me obligué a leer. Pueden ver que esta edición tiene tres tomos. ¡Imaginen leerlo en un solo tomo y en la doble columna característica de la colección! Más de treinta años después, supe que Sepan Cuántos es una de las mejores colecciones jamás publicadas en México.

En casa de mi abuelita en Tepic, en el rincón más alto del librero, encontré un ejemplar de *Las mil noches y una noche*. Ya en *El tesoro de la juventud* había leído versiones de las narraciones de Sherezada. Las de este libro no se parecían del todo: era como tomar leche bronca en vez de agualeche (como le decían mis primos a la leche en empaque de cartón). La edición venía ampliamente ilustrada a todo color, y sobre todo recuerdo a las odaliscas y sus cuerpos. Un descubrimiento sexual que no entendí hasta muchos años después.

La colección de Promexa publicaba literatura universal y mexicana. En esta colección leímos *Crimen y castigo*, novela de la que ya escribí en la vitrina anterior, también leímos *Los miserables* de Victor Hugo, *La madre* de Gorki, entre otros. A mi hermana le encantaban los tomos de *Cuento mexicano*, e incluso llegó a anotarlos (es muy bonito leer las cosas en que se fijaba o la hacían pensar). En este ejemplar de *Poesía mexicana*, compilado por Carlos Monsiváis, leí por primera vez los poemas de Amado Nervo, Ramón López Velarde, José Juan Tablada, Octavio Paz, Xavier Villaurrutia, Eduardo Lizalde, entre muchos otros. Me gustaba leer la poesía en voz alta a mi mamá (quien pacientemente me escuchaba mientras hacía mil cosas más). Son, como puede ver, libros muy hermosos.

En la secundaria tuvimos que leer obligatoriamente *Pedro Páramo* de Juan Rulfo y *El laberinto de la Soledad* de Octavio Paz, libros que no entendí entonces. Hay lecturas que son como semillas que germinan años después. Volví a leerlos en la preparatoria y desde entonces los he releído varias veces más. *El llano en llamas* también estaba publicado en Promexa; recuerdo haberme carcajeado con el final de "Anacleto Morones", en el que le reclaman a Lucas Lucatero: "El niño Anacleto. Él sí que sabía hacer el amor".

Años después, intercambié un trabajo de diseño por las obras completas de Octavio Paz publicadas en el Fondo de Cultura Económica.

El primer libro de un diseñador gráfico que hojeé en mi vida fue el de Milton Glaser, publicado a finales de los años setenta. Mi preparatoria estaba muy cerca de la Gandhi de Miguel Ángel de Quevedo, y solía ir a ver los libros en sus estrechos pasillos y las enormes pilas de libros. Ahí vendían el libro de Glaser, con Bob

MILTON
GLASER
GRAPHIC
DESIGN

mour Chwast   The Left-Handed Designer

Peret

Introducciones
introductions
Pilar Parcerisas
Nelly Schnaith
Enric Satué

GG

1983(4)

NACHTMUSIK IM WDR

è pericoloso
sporgersi

MARiSCA
DES

TASCHEN

Dylan en la portada. Años después, en la universidad, mi maestro Mauricio Rivera me lo prestó y muchos otros años después se lo devolví. Milton Glaser es el autor del famoso y repetido logo de I ♥ NY.

Milton Glaser y Seymour Chwast son dos diseñadores que admiro. Ambos, con Edward Sorel, formaron Push Pin Studios (cuyo libro pueden ver en otra vitrina). Tomaron elementos de la cultura popular, recrearon estilos históricos, como el victoriano, y no rehuían a la decoración o lo anecdótico. Ambos dibujaban y usaban sus dibujos para hacer sus diseños. Lo mismo diseñaban el menú de un restaurante —¡y también el restaurante completo!— que un libro para niños, ilustraban textos de opinión, diseñaban una tipografía. Ambos también escriben.

El libro de Seymour Chwast, *The Left-Handed Designer*, lo publicaron poco tiempo después del de Glaser, a mediados de los años ochenta, cuando ya no eran socios.

La primera vez que viajé a Europa fue con mi mejor amigo Esteban, de mochileros, terminando la universidad. Estábamos obsesionados con ver todos los museos en los dos meses que duró nuestro viaje. Yo además comencé a comprar libros (a veces sacrificaba el presupuesto de la comida para hacerlo). Conforme el viaje avanzaba, el peso de mi mochila se volvía intolerable, así que comencé a deshacerme de cosas para que cupieran los libros.

Uno de ellos es este libro que muestra los carteles de Heinz Edelmann, otro de mis diseñadores favoritos, y que probablemente usted reconozca por ser el autor de los dibujos de la película *Yellow Submarine* de los Beatles. El libro presenta los dibujos que Edelmann bocetaba y después el trabajo completado. Me fascinó pues revelaba el proceso (gráfico) de sus ideas. Me parecía que algunas veces los bocetos no elegidos eran igual de buenos que el del trabajo publicado. Conservo los 30 kilos de libros que compré en ese viaje hace 21 años, y recuperé desgraciadamente todos los kilos que perdí por no comer para comprar libros. Nunca conocí a Heinz Edelmann personalmente. En casa tengo cuatro libros de él.

En la universidad y por las Olimpiadas de Barcelona 92 conocí en revistas el trabajo de Peret y de Mariscal (que usted recordará por haber sido el autor de Cobi, la mascota olímpica cubista). El trabajo de ambos me influenció enormemente, me recordaban a Miró y a Picasso, artistas que admiraba desde niño. Fueron de los primeros libros de diseñadores que compré, y que vi y leí muchísimas veces. Me di cuenta de que se podía ser artista y diseñador al mismo tiempo, que los recursos artísticos servían para diseñar y que el diseño tenía una carga histórica que se renueva. Peret en su libro explicaba la influencia que las vanguardias habían tenido en lo que hacía, pero también escritores como Cioran o las aventuras de Tintín. Su trabajo en el libro derribaba varios dogmas que yo malentendía en la universidad. Ambos libros me abrieron un mundo distinto. Años después conocí a Peret en 2002, en Tijuana, donde nos hicimos amigos. Después organizó la primera exposición de mi trabajo en Barcelona en 2003. En casa tengo al menos cinco libros sobre Peret, quien además me presentó a muchos de los amigos y colegas españoles con quienes tengo amistad. Me gusta pensar que el inicio de todo ello fue el libro monográfico que compré cuando estudiaba diseño gráfico en la Escuela Nacional de Artes Plásticas.

La primera exposición de libros hechos por un diseñador gráfico que vi fue la de Vicente Rojo en 1990. Recientemente, con motivo de su exposición en el MUAC, escribí en mi columna de la revista *Gatopardo*:

En el libro *Diario abierto*, Vicente Rojo describe su deseo por ser el gato Fritzi de Paul Klee para asistir a un concierto casero de violín del artista alemán. También relata la tristeza de un niño de siete años que, por las penurias económicas provocadas por

EN
LA REVOLUCIÓ
CUBA Y CASTRO
1959-1970
DUGALD STERMER / ESTUDIO CRÍTICO POR SUSAN

SIGN

RLC·D·I·S·E·N·O·G·R·A·F·I·C·O

la guerra civil española, ve salir el piano de la familia colgado
por correas desde un quinto piso. Puntos suspensivos y nos
dice que su participación en la cultura es el anhelo por ver de
regreso ese piano. Diseñador gráfico, dibujante, pintor, escultor,
escritor, editor, poeta y amigo, Vicente Rojo es un faro cuya luz
se puede ver en los estantes de las casas y también en el MUAC
en su exposición "Escrito / Pintado", y en la que sus agradecidos
espectadores nos volvemos gatos. No exagero.

No compré la primera edición del libro, ésta es la segunda
edición.

En la secundaria, antes de saber lo que era el diseño gráfico,
me paraba frente al librero de mi casa para escoger un libro.
Especialmente me gustaban las portadas de una colección que

se llamaba Letras Mexicanas, que mis padres adquirían semana a semana. En dichas portadas se mezclaban elementos de la cultura popular con comentarios visuales contundentes que interpretaban el texto, el título, al autor y que sin duda dejaron una huella en mi experiencia de joven lector. Y no sólo en eso, sino que a partir de ahí comencé a entender la poesía de las imágenes y su construcción. Por supuesto, eso lo comprendí más tarde, en el oficio. Siendo entonces un muchacho simplemente me gustaban, me intrigaban y me invitaban a leer tanto los libros como las metáforas de sus portadas. Años después tengo el gusto de tener entre mis amigos y maestros más queridos al autor de dichas portadas, Rafael López Castro. El libro que pueden ver en la vitrina es el catálogo de su exposición en el Museo Carrillo Gil.

— Soy autodidacta. — ¿Quién le enseñó a decir eso?

Fin.

NO ME EXTRAÑA QUE NO LE GUSTE MI TRABAJO.

ME EXTRAÑA
QUE LE GUSTE
EL DE USTED

EL 24 DE MAYO DE 1865 PUBLICARON LAS AVENTURAS DE ALICIA EN EL PAÍS DE LAS MARAVILLAS, DE LEWIS CARROLL.

ALICIA ENCONTRÓ UNA BOTELLITA QUE DECÍA 'BÉBEME' QUE LA ENCOGIÓ HASTA MEDIR 25CMS DE ALTURA. AQUÍ UNA REGLA PARA QUE LE AYUDE A IMAGINAR ESE EXTRAORDINARIO SUCESO.

— No se lee.
— A ver, ¿qué dice?
— Dice que no se lee.
— Entonces sí se lee.

Fin.

Déja Vú

(PIÉNSELO: USTED YA HA ESTADO AQUÍ ANTES)

Despedidas y homenajes

Hago este dibujo el 14 de noviembre de 2018, día en que recibo la noticia de la muerte del dibujante, pintor, locutor y escritor (entre otros oficios) Fernando del Paso, cuyos libros son fundamentales en la literatura mexicana, entre ellos *José Trigo* y *Palinuro de México*. Don Fernando tenía 83 años, tres menos de los que tiene la emperatriz Carlota al momento de su impactante monólogo escrito en el libro *Noticias del Imperio*, en el que cuenta del mensajero que "Vino, cargado de recuerdos y de sueños, en una carabela cuyas velas hinchó una sola bocanada de viento luminoso preñado de papagayos".

Rogelio Naranjo falleció el 11 de noviembre de 2016. Fue un hombre con cuyos dibujos se enfrentó y criticó valerosamente y a diario al poder, retrató la cultura y a sus protagonistas, creó imágenes que perdurarán siempre en nuestra memoria desde una óptica y un humor ácido, personal y único. Rogelio además tuvo la generosidad de donar sus más de diez mil dibujos a la UNAM, para poder ser vistos y estudiados por todos.
Rogelio Naranjo es un artista, periodista, cronista, crítico y amigo que siempre nos hará falta: un héroe de México.

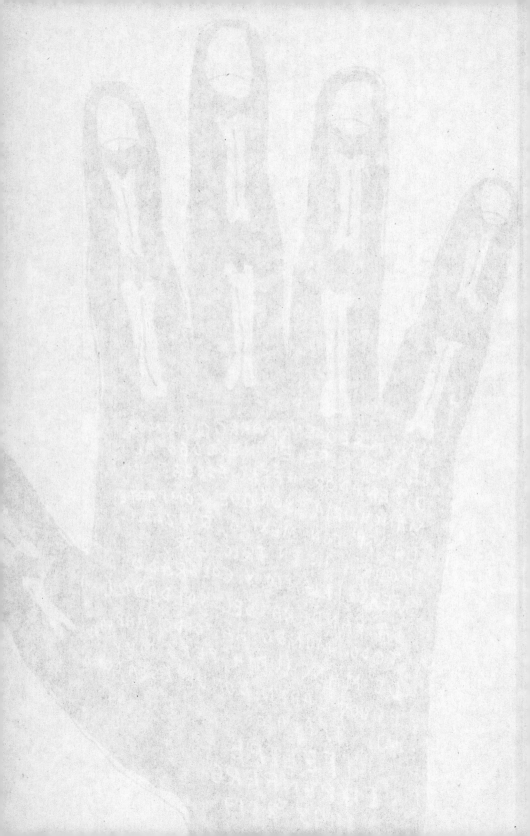

ABCdEF
ghijKLM
NOPQRST
UVWxyz
RiuS

Lejos no es
suficientemente lejos.

Tomi Ungerer (1931-2019) es un artista inclasificable:
escritor, ilustrador, diseñador gráfico, arquitecto y escultor.
Habiendo padecido la ocupación nazi en Estrasburgo, viviendo
intensamanete la época de los sesenta y setenta, creó imágenes
que denunciaron la guerra de Vietnam y el racismo, libros
eróticos que aportaron en la lucha por la libertad sexual y por
supuesto libros para niños, que descubrieron a lectores de
poca y mucha edad nuevos puntos de partida en sus temáticas,
ilustraciones y narrativa, y que han sido traducidos a más de
treinta idiomas. Decía Ungerer que lo que vinculó todo su
trabajo fue su interés en representar "la parte oculta de las cosas,
lo reprimido, lo ignorado, lo marginado".

QUERIDO
MAESTRO
PINTARANAS

MONO CHUPATINTAS

TE VAMOS
A EXTRAÑAR
QUERIDO
FRANCISCO TOLEDO
(1940 - 2019)

139

GIGER:
SEGUIRÁS
VIVO
EN
NUESTRAS
ENTRAÑAS

Visita al mundo Quino

El libro *Mundo Quino* fue publicado por primera vez en 1963. La primera edición en México está fechada en 1977. El ejemplar que vi, leí, reví y releí en mi niñez corresponde a la sexta edición mexicana, de 1980. Hoy es domingo y regreso de ver a mis padres, la pandemia sigue y tengo el libro conmigo. Quería saber la edad que tenía cuando conocí a Quino y ya lo puedo decir: a Quino lo conozco desde que tenía nueve años y cursaba el cuarto año de primaria.

Los libros en casa de mis papás están bien cuidados y *Mundo Quino* no es la excepción, a pesar de que su contraportada y últimas páginas están despegadas. Mi mamá me dijo que los libros de esa sección del librero se cayeron en el temblor de 2017, aunque creo que deben haberse desprendido por los cientos de veces que ojeamos y hojeamos durante cuarenta años los divertidos, trágicos y hermosos dibujos de estas páginas.

Pienso: ¿será que el título del libro hace referencia a la película *Mondo Cane* (1962)? No tengo cómo comprobarlo, aunque la contraportada del libro muestra a un perro que lee su periódico con un encabezado lleno de gruñidos.

En la portadilla, bajo el título del libro, hay un subtítulo que dice: *El universo del autor de Mafalda*. Ya Mafalda era mundialmente conocida y en México era publicada por la misma editorial de este libro, Nueva Imagen, cuyo emblema describiré como un asterisco encapsulado y que siempre me ha parecido muy hermoso.

En la última página de *Mundo Quino* está impreso un anuncio de la editorial promocionando su serie Humor en serio, con los libros de *El cuarto Reich*, de Palomo, *Ella y él*, de Ayax Barnes, *Carlitos y Snoopy*, de Schulz, las tiras cómicas de Woody Allen y, por supuesto, los libros de Mafalda. El tiraje de la sexta edición: cincuenta mil ejemplares.

Por primera vez en cuarenta años, leo los prólogos a la primera y segunda ediciones, firmados por Miguel Brasco. Busco en la Wikipedia y me entero de que Brascó lleva acento en la o y que, además de ser humorista, abogado, periodista, escritor y sibarita, fue un amigo personal de Quino y quien le sugirió a Joaquín Salvador Lavado la tira cómica para promocionar los electrodomésticos Mansfield, que dieron origen a Mafalda.

Brascó fue el primero en publicar a Mafalda en un suplemento que dirigía. En el prólogo a la primera edición del *Mundo Quino* escribió que los dibujos "trasuntan un gran amor por las cosas de este mundo", y que este gran amor es uno "lleno de sutiles fobias, un afecto a virus, destinado a crear anticuerpos". Qué curioso leer estas metáforas en tiempo de pandemia. Pensando en las fechas, me pregunto si Copi y Quino habrán sido amigos. Lo que es seguro es que su trabajo apareció a veces en las mismas publicaciones.

La portada de *Mundo Quino* fue diseñada por Alberto Díez, cuyo nombre veo también en otras portadas de otros libros de Quino, siempre, claro está, con dibujos del autor. En el dibujo de portada aparece un militar que atornilla con un desarmador una medalla al pecho de otro militar. La primera edición en México apareció apenas un año después del golpe de estado en Argentina que condujo a la dictadura militar. En las páginas vemos varios dibujos sobre militares, próceres y guerra. Leí en

una entrevista que le hizo Tute a Quino que la sopa de Mafalda era una metáfora de la dictadura militar, de algo impuesto obligatoriamente.

En el libro, la muerte está presente con frecuencia. En una de las historias se ve cómo un transeúnte saca la lengua a la efigie del dictador en turno, que lleva una placa que dice "líder del pueblo". Aprehendido por la policía secreta, es condenado a la horca en presencia del gran líder. Muere ahorcado, pero sacándole de nuevo la lengua al tirano.

Mundo Quino fue el primer libro que recopiló los dibujos de Joaquín Salvador Lavado. Un año después dibujaría a Mafalda. En el prólogo a la segunda edición (escrito en 1967), Miguel Brascó escribió: "Estos dibujos de *Mundo Quino* deben verse, pues, tal como son: poemas juveniles dibujados por el declive del alma mientras juntaba madurez, vivencias y coraje para meterle mano dura a la realidad, tal como lo está haciendo ahora por boca de sus niñitos sufragistas". Medio siglo después, a mí me parece que no eran precisamente poemas juveniles, sino profecías, augurios y semillas del humor en todas direcciones, estados de ánimo y variados registros —de lo amargo a la ternura— que Quino trazó en sus libros posteriores, eso sí, sin perder la poesía. En este primer mundo de Quino no existían las palabras, sino las situaciones.

Estoy en casa, conmovido con el ejemplar que era de mis padres y que ahora conservaré yo, y me doy cuenta de que estoy llegando al límite de palabras que se necesitaban para la publicación que usted está leyendo, en la que me propusieron escribir sobre mi relación de lector con Quino, y en la que más bien he escrito sobre mis recuerdos de un libro que se llama *Mundo Quino*. No he escrito de cómo conocí a Mafalda; ni de cómo mi hermano y yo coloreábamos los libros en formato italiano publicados en Ediciones de la Flor que pertenecían a mi tía Cristina, sin que ella nos regañara por la profanación, y que ahora conservo también; ni de cómo mi tío Octavio nos dijo que no entendíamos Mafalda porque éramos niños que no entendían nada, pero que tenía la esperanza de que pudiéramos entender. Tampoco escribiré sobre cómo algunos libros posteriores de Quino se volvieron desde su título imprescindibles y reveladores para mí (ay, ¡qué mala es la gente!). Me consuela oír una voz cercana que me dice: "Como siempre: lo urgente no deja tiempo para lo importante".

Corita Kent (1918-1986), conocida también como Sister Corita, fue una artista y maestra cuyas obras, impresas principalmente en serigrafía, influyeron en los artistas y cultura a partir de los años sesenta, por ejemplo en John Cage, Saul Bass y Merce Cunningham. En 1968 escribió las diez reglas para estudiantes y maestros en su taller en el Immaculate Heart College, y que también pueden leerse como sabios consejos para la vida.

IMMACULATE HEART COLLEGE ART DEPARTMENT RULES

Rule 1 FIND A PLACE YOU TRUST AND THEN TRY TRUSTING IT FOR A WHILE.

Rule 2 GENERAL DUTIES OF A STUDENT: PULL EVERYTHING OUT OF YOUR TEACHER. PULL EVERYTHING OUT OF YOUR FELLOW STUDENTS.

Rule 3 GENERAL DUTIES OF A TEACHER: PULL EVERYTHING OUT OF YOUR STUDENTS.

Rule 4 CONSIDER EVERYTHING AN EXPERIMENT.

Rule 5 BE SELF DISCIPLINED. THIS MEANS FINDING SOMEONE WISE OR SMART AND CHOOSING TO FOLLOW THEM. TO BE DISCIPLINED IS TO FOLLOW IN A GOOD WAY. TO BE SELF DISCIPLINED IS TO FOLLOW IN A BETTER WAY.

Rule 6 NOTHING IS A MISTAKE. THERE'S NO WIN AND NO FAIL. THERE'S ONLY MAKE.

Rule 7 The only rule is work. IF YOU WORK IT WILL LEAD TO SOMETHING. IT'S THE PEOPLE WHO DO ALL OF THE WORK ALL THE TIME WHO EVENTUALLY CATCH ON TO THINGS.

Rule 8 DON'T TRY TO CREATE AND ANALYSE AT THE SAME TIME. THEY'RE DIFFERENT PROCESSES.

Rule 9 BE HAPPY WHENEVER YOU CAN MANAGE IT. ENJOY YOURSELF. IT'S LIGHTER THAN YOU THINK.

Rule 10 "WE'RE BREAKING ALL OF THE RULES. EVEN OUR OWN RULES. AND HOW DO WE DO THAT? BY LEAVING PLENTY OF ROOM FOR X QUANTITIES." JOHN CAGE

HELPFUL HINTS: ALWAYS BE AROUND. COME OR GO TO EVERYTHING. ALWAYS GO TO CLASSES. READ ANYTHING YOU CAN GET YOUR HANDS ON. LOOK AT MOVIES CAREFULLY, OFTEN. SAVE EVERYTHING-IT MIGHT COME IN HANDY LATER. THERE SHOULD BE NEW RULES NEXT WEEK.

Águila y serpiente

¿Suele usted preguntarse el origen de las imágenes?
Cincuenta años después recordamos el año de 1968 por
la importancia en la historia de México y del mundo. La
gráfica acompañó estos acontecimientos: desde la gráfica
del movimiento estudiantil hasta el programa oficial de las
Olimpiadas. También fue 1968 el año en que el artista, muralista
y diseñador Francisco Eppens (1913-1990) trazó el diseño del
Escudo Nacional que seguimos usando a la fecha.

149

Lo más trascendental que le puede ocurrir al diseño es volverse popular. En su exposición "Sillas de México" en la Galería Kurimanzutto, Oscar Hagerman explicaba el origen de su silla Arrullo (1969) inspirada en las sillas populares de México y que diseñó para una cooperativa en Ciudad Nezahualcóyotl, que a su vez fue retomada por los propios artesanos, quienes hicieron miles de reproducciones para vender. Explica Óscar: "Esta silla salió de un diseño popular y regresó al pueblo".

HOMENAJE A MARCEL DUCHAMP

Milton Glaser diseñó el cartel de Bob Dylan que venía inserto en el último LP que el músico publicaría con Columbia Records en 1967. Glaser conocía a Dylan, pero cuenta que no trabajaron juntos en el cartel, pues Bob había terminado el contrato con la disquera y el álbum se editó sin la participación del compositor. Para crear el cartel, Milton Glaser diseñó la tipografía Baby Teeth, tomando como referencia el rótulo de una sastrería que encontró en la Ciudad de México. El perfil del músico fue inspirado por el autorretrato con papel recortado de Marcel Duchamp (a quien también conoció Glaser) y para hacer el cabello retomó formas de la decoración islámica. El cartel se convirtió inmediamente en un ícono cultural representativo de toda una época y del propio poeta Bob Dylan.

Una década después, Glaser crearía el famoso emblema de I♥NY y 49 años después Bob Dylan sería nombrado premio nobel de literatura.

EN EL FONDO
ERES UNA PERSONA
MUY SUPERFICIAL

Diez viñetas con Vicente Rojo

I

En 1990 empecé a estudiar diseño gráfico en la Escuela Nacional de Artes Plásticas. Afortunadamente, ese mismo año acudí a la exposición "Vicente Rojo, 40 años de diseño gráfico" en el Museo de Arte Carrillo Gil, y comencé a aprender diseño gráfico.

II

Ayer murió mi querido Vicente. Hoy es el cumpleaños 82 de mi padre y vine a su casa a saludar. Separo en el librero los libros y portadas que han sido diseñados por Vicente y que recuerdo desde niño. Hay libros que tienen más años que mi hermano mayor. Platico de los libros con mi mamá.

III

Entre las joyas del librero de mis padres está la séptima edición de *Cien años de soledad* de Gabriel García Márquez de Editorial Sudamericana. Su diseño lleva la letra E de la palabra soledad en espejo, y me lleva a pensar que Rojo ha interpretado la novela simbólicamente con imágenes de viñetas tipográficas y filetes decimonónicos. También localizo la edición de 1967 de *Nueva grandeza mexicana* de Salvador Novo publicada en Era, con pasta dura y tela, y con fotos de Héctor García en la camisa y en distintos tonos en el interior, de diseño impecable. También veo varios ejemplares de la serie El volador, publicados en Joaquín Mortíz, con el hermoso sistema de diseño elaborado por Vicente. De la misma editorial me encuentro *Los recuerdos del porvenir* de Elena Garro, en pasta dura y con bellos dibujos de Vicente en la portada. Los diseños con altos contrastes fotográficos y la tipografía Bell de *Los días y los años* de Luis González de Alba y *La noche de Tlatelolco* de Elena Poniatowska me llevan a pensar en la Era de Vicente. Estas ediciones tienen páginas de cortesía a dos colores en portadillas y están numeradas en el colofón. Días después mis padres me obsequian su ejemplar de *Cien años de soledad*.

IV

Es 1997. Germán Montalvo organiza una exposición de diez diseñadores gráficos mexicanos en Japón. Nos reunimos en el estudio de Germán. Yo tengo 25 años y Vicente, 65. Es la primera vez que hablo directamente con el maestro. Vicente me dice que le gusta mi cartel. Le agradezco como puedo.

V

2007. Me puse muy contento el día que Rafael López Castro me invitó a la comida que cada año Vicente ofrecía a los amigos y amigas diseñadores que colaboraron con él en la Imprenta Madero. Hablamos de Max Aub y me pide Vicente que le hable de tú. Le hablo de tú como puedo.

VI

Acompaño a Rafael al taller de Vicente. López Castro le muestra una selección de cien fotografías que documentan el proceso creativo de Rojo por varios meses. Piensa exhibirla en la próxima exposición de Rojo. Vicente distribuye las fotos por todo el lugar, las mira con atención y se lleva las manos a la cara. Vicente le pregunta a Rafael si puede hacer una selección, a lo que López Castro accede sin titubeos. Elige 10.

Por mi parte, les propongo hacer un video con las 10 mil fotos que López Castro había tomado por meses en el taller de Rojo, y que acomodadas en secuencia creaban un video en *stop motion* de cerca de 15 minutos. El video se llama *Música de cámara* —lo nombró Bárbara Jacobs— y se presentó en "Correspondencias" de Vicente Rojo, en la Estación Indianilla, en 2009.

VII

2021. Hace dos días murió mi amigo Vicente. Escribo esto en la imprenta a la que vine a revisar a pie de máquina un libro del fotógrafo Rodrigo Moya. De repente comienza a sonar la alarma sísmica. Ya en la calle, me fijo en un papel que está en el suelo. Me acerco y veo que el pedazo de papel parece una de las manitas apuntando con el dedo, como las que Vicente usaba en algunos de sus diseños.

Pienso: imprenta, libro, temblor y señal.

VIII

Al leer en el *Archivo Blanco* la descripción detallada
de cómo imaginaba Octavio Paz la versión fílmica de
su célebre poema, y cómo le escribe a Vicente en 1968
diciéndole que era la única persona con la que podría
colaborar para llevar a cabo tal proyecto, pensé que
técnicamente era posible llevarlo a cabo en 2011. Me
reuní con Vicente y, emocionado, le planteé la idea.
Yo podría hacerme cargo de la producción de lo que
él diseñara. Me escuchó pacientemente con mucha
atención, como siempre lo hacía, y cuando terminé de
decirle esto y aquello, me dijo:

—Pues no, en su momento no lo hice.

Insistí:

—Pero, Vicente, dijo Paz que tú eras la única persona
que podría hacerlo de acuerdo a lo que él imaginaba...

—Pues Octavio estaba equivocado.

IX

En noviembre de 2020, después de una charla por
Zoom en la que entrevisté a Germán Montalvo sobre
el trabajo de Vicente en imprenta Madero, Vicente nos
escribió un mail:

"Posiblemente algo de lo que ustedes
dijeron sobre mí de hace años y años pudo
ser cierto. Quienes me ayudaron en el
trabajo de diseño en Madero se consideran
deudores míos, pero ellos no se daban
cuenta de lo que yo aprendía de ellos. Si

no hubiera estado rodeado de jóvenes tan creativos como ellos, yo no habría podido hacer mi trabajo, que fue mucho, muchísimo, y en esto sí puedo creer en lo que ustedes comentaron al respecto. [...] En mi caso, recuerdo que lo único que yo podía enseñar era a trabajar con pasión, imaginación y la libertad de la que habló Germán. Además, de ser posible, a utilizar algo de humor y otro algo de provocación. De todo lo que digo, lo que me complace más es creer que pude haber enseñado algo."

X

La última vez que me reuní con Vicente fue a finales de 2020. Nos sentamos en el parque que está frente a su taller en Coyoacán y platicamos de varias cosas muy personales que siempre me acompañarán. También platicamos del techo de luces del Monte de Piedad, el mural de piedra en el Museo Kaluz, y de *Ipanema*, el libro sobre la travesía de su padre. Estábamos muy contentos y un joven que pasaba nos tomó esta foto.

Arte

CÉDULA

¿SERÁ QUE QUIENES
SE QUEJAN DEL ARTE
CONTEMPORÁNEO POR
TENER QUE LEER
LAS CÉDULAS QUE LO
'EXPLICAN' TAMBIÉN
SE MOLESTEN CUANDO
ENCUENTRAN EN UN
LIBRO UNA LLAMADA
A NOTA DE PIE DE
PÁGINA?[1]

1. En la que se explica y aclara algo para entender mejor el libro.

¿UNA FRASE HERMOSA
ESCRITA EN UN IDIOMA
QUE NO ENTENDEMOS
DEJA DE SER HERMOSA?
SI LEYÉRAMOS UNA
TRADUCCIÓN Y LA ENTENDIÉ-
RAMOS Y NOS RESULTA
HERMOSA, ¿ES MÁS HERMOSA
QUE LA ORIGINAL?
¿DEPENDE DE LA FRASE O
DE NUESTRO ENTENDIMIENTO?
A VECES SUCEDE LO MISMO CON
EL ARTE.

Yves Klein (1928-1962) comenzó a pintar monocromáticamente en 1952 para tomar distancia de la figuración y la abstracción. Incluso llegó a inventar un color azul que nombró IBK (Azul Internacional Klein) con el que realizó sus famosos monócromos, abarcando también instalaciones, objetos y esculturas.

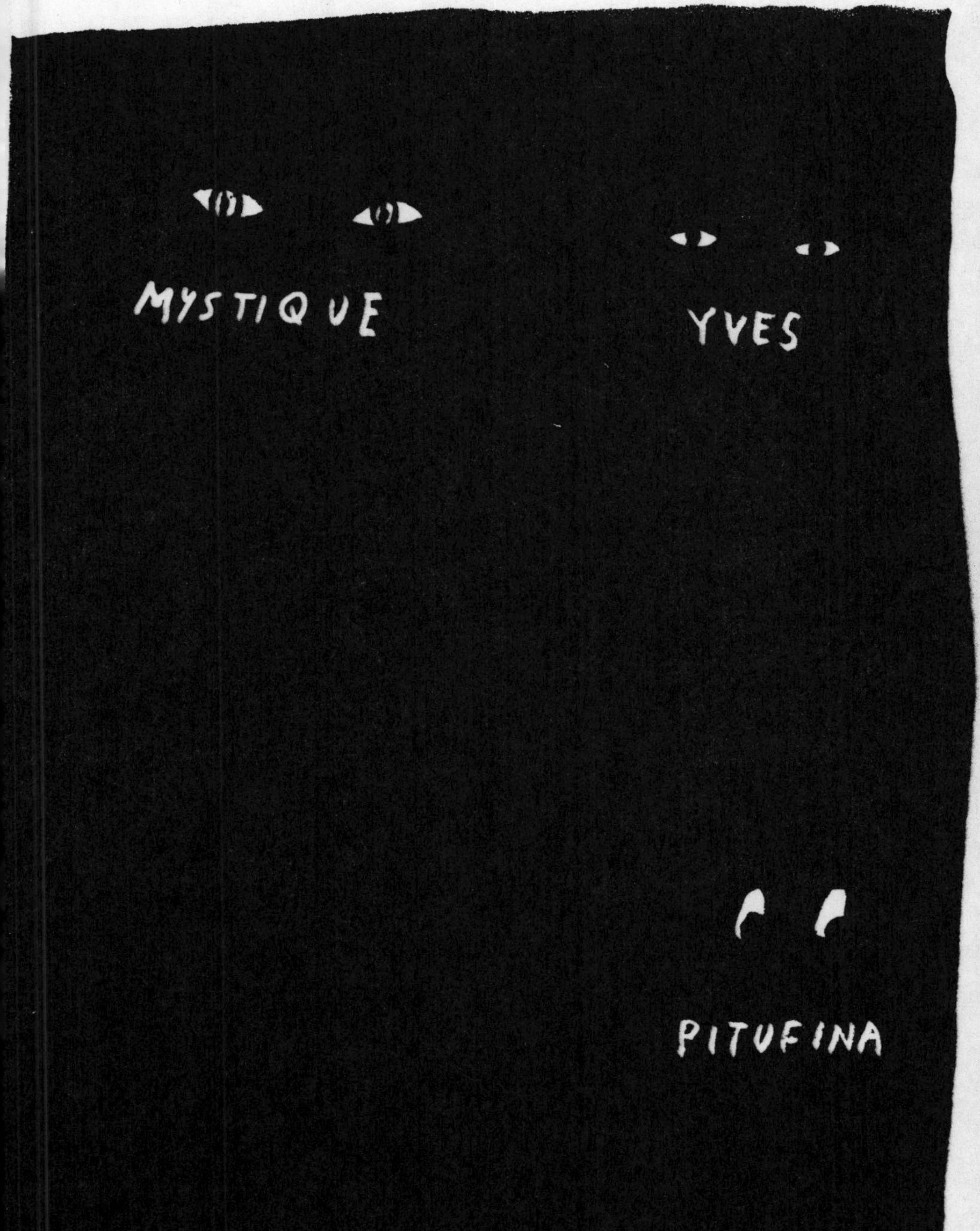

IMAGINE
EL NEGRO
AZUL

¿De qué forma una obra cambia
nuestra forma de ver para siempre?
Hace mas de cien años, en 1915,
Kazimir Malevich pinta el icónico
Cuadrado negro, gesto radical que
inicia el suprematismo, reduciendo
los elementos pictóricos a formas
geométricas y composiciones
que plantean un nuevo sistema
de construcción del mundo. Una
utopía que marca definitivamente
la creación, el pensamiento y la
percepción en el arte y, por lo tanto,
en la vida.

Yoko

War Is Over! (If You Want It) es un mensaje impreso en distintos formatos e idiomas firmado por John Lennon y Yoko Ono en 1969, en su etapa de activismo por la paz.

Decía Lennon de Ono que era "la mas famosa desconocida artista del mundo, todos saben su nombre pero nadie sabe lo que hace". A principios de los sesenta, Yoko estuvo relacionada con Fluxus (un importante movimiento conceptual de artistas de distintas disciplinas). Mucho del trabajo de Yoko Ono está relacionado a la poética de las palabras.

WAR IS OVER! ¿ONO?

La crítica fue implacable con este artista contemporáneo del s. XIX.

¿Cuál fue la respuesta?

La curiosidad se manifiesta en las preguntas que nos hacemos. Rafael Lozano-Hemmer tiene una obra que se llama *33 preguntas por minuto*, en la que un programa de computadora combina las palabras de un diccionario para generar 55 mil millones de preguntas distintas, que aparecen en una pantalla (a 33 preguntas por minuto, que, según explica la ficha es nuestro umbral de legibilidad). El programa tardaría 3 000 años en generar todas las preguntas posibles. Preguntas que son profundas, absurdas, interesantes, humorísticas, emocionantes y poéticas. ¿Le habría gustado verla?

La obra de Ulises Carrión (1941-1989) sigue planteando preguntas que han tratado de ser respondidas apasionadamente en varias direcciones y, sobre todo, generan nuevas preguntas sobre los libros, los textos, los lectores, los espectadores, los museos, la estructura del arte, su mercado, la cultura y las ideas. A mí me maravilla la belleza de las preguntas que no puedo responderme.

RETRATO DE ULISES CARRIÓN

U C
U
C

EN 2010 MARINA ABRAMOVIĆ
HIZO UN PERFORMANCE DURANTE
LA RETROSPECTIVA QUE ALOJÓ
EL ~~MOMA~~ MUSEO DE ARTE MODERNO DE
NUEVA YORK, QUE CONSISTIÓ EN

SENTARSE Y MIRAR A LOS OJOS
DE LAS PERSONAS QUE SE SENTARAN
FRENTE A ELLA. POR MÁS DE
TRES MESES, OCHO HORAS DIARIAS
ABRAMOVIĆ MIRÓ DIRECTAMENTE
~~XXXXXXXXX~~ A MÁS DE MIL
PERSONAS, MUCHAS DE LAS CUALES
ROMPÍAN EN LLANTO.

PRUEBE MIRARSE FIJAMENTE A LOS OJOS EN UN
ESPEJO A UNA DISTANCIA CORTA POR
DIEZ MINUTOS ¿QUE OCURRE CUÁNDO
LO HACE?

La Cantera Rosa

1. El primer día de abril de 2021, durante la pandemia, fuimos a una casa en El Oro, estado de Hidalgo, a la que fuimos invitados a pasar unos días. Recordemos los paisajes solitarios de esas fechas, sin personas ni automóviles, el miedo a contagiarnos y la precaución para evitarlo. En la carretera, nos percatamos de que algunas canteras seguían trabajando, aparentemente sin clientes. Pensé en una escultura de cantera rosa, que reproduciría la imagen de la Pantera Rosa. Nos detuvimos en uno de los negocios, hablé con el maestro cantero y le conté mi ocurrencia. Me imaginé que la escultura podría tener una altura de 40 o 50 centímetros de alto e irían firmadas por ambos —AM y JP— y numeradas. Yo pagaría el costo de las primeras cinco piezas, que me quedaría, como en cualquier trabajo por encargo.

Mi idea era que se podrían seguir vendiendo las piezas en su negocio en la carretera, con el precio que el maestro cantero considerara adecuado. Si la Cantera Rosa tuviera mercado, era probable que otros negocios replicasen la idea, y así se añadiría una nueva figura en el inventario de estas esculturas de cantera: la Pantera Rosa en cantera rosa, y con esa firma y esa numeración que probablemente no significaría después nada para nadie, en un juego que me hace pensar en las leyes de mercado en el arte, la propiedad intelectual, la apropiación (etcétera).

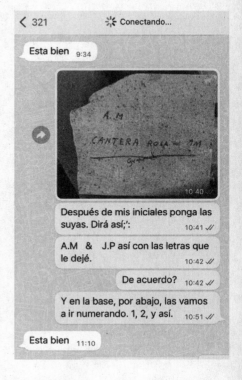

181

2. El 11 de abril de 2021, de acuerdo a la fecha acordada, pregunté de nuevo por la escultura. Presentaba algunos problemas técnicos, debido a la esbeltez de la Pantera Rosa —que tenía algunos puntos frágiles en los brazos y mano—, y que resolvió con destreza el maestro Jaime. El 16 de abril me envió las primeras fotos del proceso y el 27 la primera escultura estaba finalizada. Después de varios mensajes, la entrega de las primeras esculturas quedó pactada para finales de junio.

3. A partir de entonces, las respuestas a las preguntas sobre el estado de las Panteras Rosas fueron espaciándose, con distintas justificaciones de diversa índole. Pasó el tiempo, con muchos mensajes en WhatsApp como rastro y memoria. Como respuesta a una pregunta del 4 de enero de 2022, el maestro me dijo, una semana después, que había vendido las cinco esculturas de la Pantera Rosa, de cantera rosa, pero que las volvería a hacer. Le pregunté si había puesto el título, las firmas y la numeración, a lo que me respondió que sí, lo cual me llenó de alegría y me pareció muy afortunado que tuvieran éxito comercial en su inicio, a pesar del cambio de planes.

4. Hasta el día de hoy, no he tenido más noticias ni del maestro ni de la Cantera Rosa. Un poco resignado, espero encontrarme la figura en algún momento y en algún lugar. Escribo esto mientras escucho el final del tema de la Pantera Rosa, creado por Henry Mancini, escrito en 1963.

las
letras
son
dibujos
de
sonidos.

Con los sonidos ~~se puede~~ PODEMOS
hacer música. ¿Podríamos
hacer con las letras algo
semejante?

Cada una de las letras en los distintos alfabetos ha sido dibujada por alguien en la historia de la humanidad. Todo comienza por los dibujos.

Gracias a estas letras (en el mejor de los casos) hemos llegado a entendernos.

Lo primero que hacemos al crecer es articular sonidos. Por repetición y lógica comprendemos las palabras. Cuando aprendemos a leer, tejemos los dibujos que representan los sonidos.

Si quiere, lea estos sonidos.
¿Suenan distinto si tienen colores distintos?
¿Solamente se ven distintos?

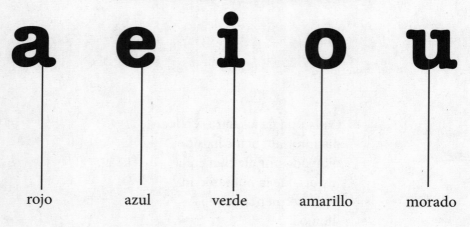

a   e   i   o   u

rojo   azul   verde   amarillo   morado

a   e   i   o   u

siena   azul   terracota verde   negro
tostado   plúmbago   vejiga   marfil

JUGAR CON LAS LETRAS
ES DISTINTO A JUGAR
CON LAS PALABRAS.

UNA PALABRA SIGNIFICA
UNA COSA O UNA
REPRESENTACIÓN DE
LA COSA.

TAMBIÉN UNA PALABRA
SIGNIFICA LA IDEA DE
LA COSA.

MIRE USTED:

gorila

AHORA PIENSE EN LA
IMAGEN DE ESA GALLINA:
COLOR, PESO, MOVIMIENTO.

LAS LETRAS TAMBIÉN SON OBJETOS
¿ suenan distinto estas letras?

Cuando escribimos a mano estamos dibujando. Es muy distinto oprimir una tecla al escribir las letras en un ordenador o teléfono que hacerlo en una hoja como esta. Obviamente el dibujo es distinto cuando hacemos la letra manuscrita.

ESCRIBA SU NOMBRE AQUÍ

EN ESTA IMAGEN
PODEMOS APRECIAR
QUE DISTINTAS CONS-
TELACIONES TIENEN
FORMAS DE LETRAS.

ACTIVIDAD 1

Pensar para qué sirven todas estas letras que generalmente no usamos, averiguar en qué idiomas se usan:

ßÆðïĦħŒÐ§¶¬æµŶĕĝĉ Etc.

ACTIVIDAD 2

Pensar si los números son letras.

ACTIVIDAD 3

Averiguar los nombres de las tipografías en las qué está escrito este libro.

ACTIVIDAD 4

La vida que continúa.

piense
en la
letra de
alguien
que le
haya
amado

Las letras son dibujos que suenan.

Procrastinar es placebo, el ocio remedio,
procrastinar es aplazar y el ocio disponer,
procrastinar angustia y el ocio es placer.
Procrastinar nos hace perder el tiempo y el ocio aprovecharlo.

PROCRASTINAR
ES POSPONER
EL OCIO.

El buen dibujante es aquel al que le gusta dibujar.

a) El buen dibujante es aquel al que le gusta dibujar.

b) El buen dibujante es aquel al que le gusta dibujar, independientemente de como queden sus dibujos.

c) El buen dibujante es aquel al que le gusta dibujar, independientemente de cómo queden sus dibujos, pues dibujar es una acción.

d) No hay que confundir al buen dibujante con el dibujante profesional. Normalmente el dibujante profesional es un buen dibujante, pero hay buenos dibujantes que no son profesionales.

e) Los niños son grandes dibujantes, pues están más concentrados en dibujar que en el dibujo. Dibujar es un proceso vital. Dibujar es un rastro.

f) Cuando un niño deja de dibujar, el niño ha perdido un lenguaje, deja de hablar un idioma.

g) Dibujar le sirve al niño para conocer el mundo y explicárselo. Lo mismo para quien dibuja de adulto.

h) Un dibujo hecho es un dibujo real, pues existe independientemente de lo que quiera representar.

i) Dibujar es gratis.

EL CRUCIGRAMA ERA MUCHO MÁS IMPORTANTE QUE LO QUE USTED CREÍA.

Muchas prácticas filosóficas, deportivas, religiosas o terapéuticas nos aconsejan "vivir en el presente", lo cual es muy difícil de conseguir. Una de las ocasiones en que lo logramos de forma automática es cuando pisamos caca. ¿Cuál será la metáfora de esto?

Lo
malo
de
lo
bueno
no
es
tan
malo.

Encuesta

Elija A o B

A) B

B) A

Actividades

NUESTRO MUNDO

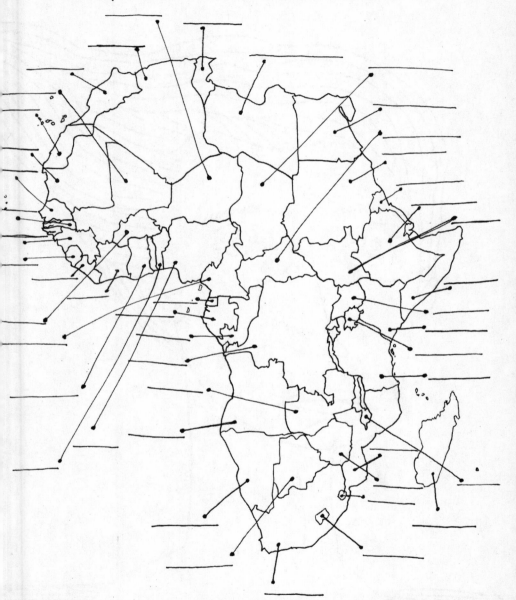

ACTIVIDAD: EN LAS LÍNEAS ANOTE EL NOMBRE DE LOS PAÍSES AFRICANOS QUE RECUERDE (SI NO LOS SABE PUEDE CONSULTARLOS)

LLORAR

¿SE IMAGINA USTED QUÉ CANTIDAD
DE LÁGRIMAS LLORAMOS EN UN AÑO?

☐ ENTRE 10 y 20 LITROS   ☐ ENTRE 20 y 50 LITRO   ☐ ENTRE 50 y 100 LITROS

¿SE HA PREGUNTADO CUÁNTAS PERSONAS EN EL PLANETA CUMPLEN AÑOS EL MISMO DÍA QUE USTED?

Usted puede calcularlo si tiene en cuenta la paradoja del cumpleaños, que establece que si hay 23 personas reunidas, hay una probablidad de 50.7% de que al menos dos de ellas cumplan años el mismo día. Para 60 o más personas la probabilidad es mayor a 99%. Obviamente es casi de 100% para 366 personas (teniendo en cuenta los años bisiestos).

Si no tiene ganas y tiempo de hacer el cálculo, puede visitar la página population.io, que también puede proponerle un estimado de cuántas personas nacieron exactamente a la misma hora que usted, e incluso un cálculo de su expectativa de vida.

Juegos

A

HAGA UN
MANDALA
CON LA LETRA
A. DESPUÉS
CONTINÚE CON
LA B. SIGA
CONSECUTIVAMENTE
CON LAS DEMÁS
LETRAS DEL
ALFABETO.
HÁGALAS DE
FORMA COMPLEJA
DESPUÉS, AÑOS
DESPUÉS, TOME
LA PRIMERA
PALABRA DEL
DICCIONARIO
Y REPITA EL
PROCESO HASTA
EL FINAL DE
SU VIDA A-N

216

ACTIVIDAD

CONSULTE EL SIGNIFICADO DE NOMOFOBIA EN SU TELÉFONO

217

El hombre invisible

¿cuánto PESA INTERNET?

Einstein demostró que cada electrón tiene peso, entonces los terabytes de datos e información almacenada en electrones también pesan. El historiador y científico Russel Seitz también se hizo esta pregunta en 2007, llegando a la conclusión de que internet pesaba 60 gramos, que es lo que pesa una fresa.

¡Sonría!

Harvey Ross Ball (1921-2001) diseñó la "carita feliz" en 1963, como un encargo de una compañía de seguros para levantar el ánimo de sus trabajadores en sus tareas cotidianas. Se hicieron cien botones. El ícono se volvió tan popular que para 1971 la imagen se había reproducido por millones. Harvey tardó diez minutos en dibujarla y ganó 45 dólares. Según cuenta su hijo, nunca le importó no haberla registrado.

¿Cuántas veces ha enviado el día de hoy una carita feliz desde su teléfono celular?

PIENSE UN
MOMENTO EN LA
PARADOJA DE
ESTA ORACIÓN

ESTA ORACIÓN ES FALSA

La siguiente es texto invertido (rotado 180°):

PARADOJA DEL MENTIROSO

-ESTA ORACIÓN ES VERDADERA O FALSA
-SI ES VERDADERA, ENTONCES LO QUE AFIRMA ES FALSO
-LA ORACIÓN AFIRMA QUE ES FALSA Y ESO
CONTRADICE LA SUPOSICIÓN DE QUE SEA VERDADERA
-SI LA ORACIÓN ES FALSA, LO QUE AFIRMA DEBE
SER FALSO.
-Y ENTONCES SIGNIFICA QUE ES FALSO QUE
ELLA SEA FALSA, LO QUE CONTRADICE LA
SUPOSICIÓN ANTERIOR.

225

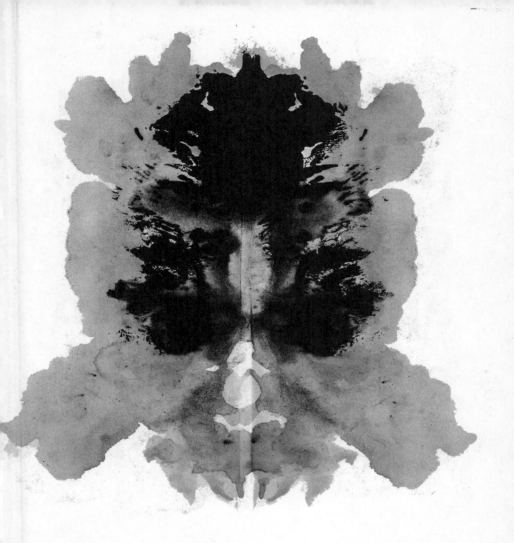

¿Qué ve?

El test de Rorschach se usa para evaluar la personalidad a partir de lo que el espectador ve en las manchas hechas al desplegar una hoja de papel que se ha doblado a la mitad con la tinta aún húmeda. Con las imágenes que describe, el especialista aventura varias hipótesis sobre diferentes aspectos del sujeto. Es una práctica muy sistematizada y tipificada.

El dibujo funciona pues como un espejo.

Mire de nuevo el dibujo y piense un poco en usted.

¿Qué significa para usted dar o recibir una aprobación en cualquier red social?

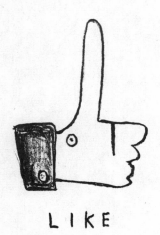

LIKE

ESTE ESPEJO ES PARA USTED Y REFLEJA
SUS CUALIDADES Y TAMBIÉN SUS
DEFECTOS. PIENSE SI LE GUSTA LO QUE VE.
NO LO COMENTE CON NADIE.

Oficio

El otro lado.

Cruzamos fronteras y llegamos al otro lado.

Si las fronteras desaparecen, desaparece el otro lado.

Por otro lado, el otro lado es geografía.

El otro lado es historia, vecindad, guerra o amistad.

El otro lado es lo que está fuera de nosotros.

Cuando aprendemos del otro lado, dejamos de tener lados,

o al menos se convierte en parte nuestra.

Podemos mirarnos a los ojos de un lado y de otro.

Podemos ver juntos muchos otros lados.

Cuando conocemos el otro lado, dejamos de ignorarlo.

Los diseñadores siempre buscamos

encontrar la mirada del otro lado.

El diseño desvanece el otro lado.

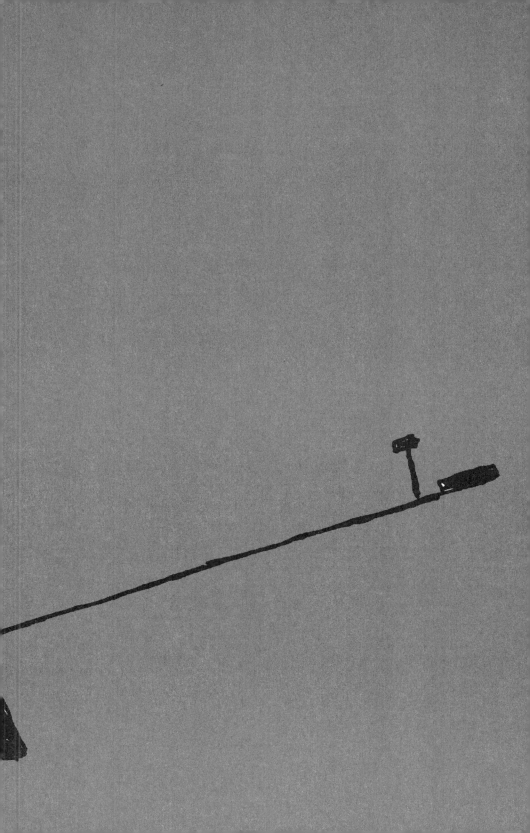

1.

a) No me gusta.

b) Sí, pero _____.

c) No creo que funcione.

d) No es lo que esperábamos.

e)¿Podríamos ver más opciones?

f) No se entiende.

g) No se lee.

h) Pruebe con otros colores.

i) Nos imaginábamos otra cosa.

j) Yo haría _____.

k) Etcétera.

l) _____.

2.

a) ¿Y si no les gusta?

b) ¿Y si no se entiende?

c) Me parece haber visto algo semejante en algún otro lado.

d) ¿Haré otra opción?

e) Ya tengo que entregar.

f) ¿Y si está muy tonto?

g) ¿Qué pensarán de mí?

h) Etcétera.

i) _____.

3.

Representar con una imagen una idea, traducir una idea en imágenes, encontrar las palabras adecuadas para comunicar una idea. Busco la etimología de la palabra idea y encuentro que en latín *idĕa* es imagen, forma o apariencia. La definición de *imagen* según el diccionario es: "Figura, representación, semejanza y apariencia de algo". Si seguimos buscando los significados de las palabras que definen a la imagen, encontramos que sus definiciones se incluyen unas y otras en un curioso juego de espejos. Una idea es la acción que el pensamiento genera, concluye, imagina, deriva y potencia en una representación de sí mismo. La idea gráfica es la traducción del pensamiento en una imagen que pueda compartirse con alguien más.

4.
a) Me gusta.
b) Lo entiendo.
c) Nunca se me hubiera ocurrido.
d) Etcétera.

Cada cartel es un mundo. Un mundo y aparte. Un territorio cercado, al que no deben penetrar totalmente indocumentados: los huecos, los desapasionados, los censores, los líricamente desmadrados. Un cartel es un mundo, sí, pero a veces advierto que he descubierto una galaxia y que los años luz no cuentan sino como referencia, muy vaga referencia, porque el cartel está a la vuelta de la esquina o en la siguiente parada del metro. Un cartel es una mariposa loca, capturada a tiempo y a tiempo sometida al rigor de la camisa de fuerza. Y no lo toques ya más, que así es la cosa, la cosa loca, lo imprevisible, lo que te cae encima o tan sólo te roza la estrecha entendedera —y ya se te hizo—. *

* A partir de un texto de Efraín Huerta en donde escribe lo que son sus poemínimos. He sustituído la palabra cartel en donde decía poema, poesía o poemínimo.

Un cartel es fijar (se en) una idea

.

Mi vida con los carteles

Haciendo memoria, veo (pues se ve también en los recuerdos) que algunas imágenes que me han acompañado y que lo harán toda la vida las he mirado en esos rectángulos de papel que anuncian, pronuncian, susurran o gritan. Recuerdo, siendo muy pequeño, haber visto carteles en unos quioscos en los que se vendían libros a precios accesibles, cuyas imágenes me intrigaban y me gustaban. Por esa época, caminando sobre la avenida Insurgentes (la más larga de la Ciudad de México), era posible encontrar un puño multicolor convertido en paloma. Me recuerdo en la fila del cine viendo carteles de películas como *Alien*, y también los carteles pícaros de las películas mexicanas de esos años, sobre todo de comedias sexosas dibujados por caricaturistas. Recuerdo también, acompañando a mi padre a su trabajo en la Universidad Nacional, los carteles en alto contraste, las caricaturas y las letrotas de carteles políticos. Y en las excursiones con mi madre al centro de la ciudad, los carteles de box, lucha libre y bailes. Ya más grande, el primer cartel que despegué de la pared, de uno de mis dibujantes favoritos que anunciaba una obra de teatro en los primeros bares culturosos en Coyoacán, y los carteles en los espacios de rock. Años después sabría de los nombres que hacían esas imágenes: López Castro, Montalvo, Palleiro, Almeida, Carreño, Helio Flores, Rius, Naranjo, Imprenta Payol, Mongo. Recuerdo haber paseado por las librerías del sur de la ciudad y encontrarme con el libro de Milton Glaser, ver que los nombres de los autores de las portadas de los libros que más me llamaban la atención eran los mismos de los que firmaban los carteles. Recuerdo haber ido al Palacio de Minería terminando los estudios de la preparatoria a ver la exposición de la primera Bienal del Cartel en México y, casi al mismo tiempo, estudiar diseño gráfico en la Escuela Nacional de Artes Plásticas. La emoción que provocaron en mi esos carteles, en los que veía dibujo, collage, tipografía, fotografía, anunciando un sinfín de eventos culturales y comerciales, provocaron que quisiera yo también hacerlos. Muchas de esas imágenes siguen alojadas en mi memoria. En esas exposiciones conocí el trabajo de Grapus, Fukuda, Mathies, Rambow, Le Quernec, Bouvet, Scher, entre muchos otros cartelistas y diseñadores polacos, húngaros, finlandeses, alemanes, franceses, japoneses, que ocuparían el espacio completo de este texto. En la universidad podía ver en la biblioteca los tomos de la revista *Graphis*, los anuarios de diseño americano y japonés. A fuerza de ver, aprendía, o al menos discernía y me formaba criterios de lo que me gustaba. Soy un "veedor" profesional y me comía esas imágenes con los ojos. Durante la universidad estalló el movimiento zapatista. Muchas de las imágenes fotográficas en el periódico *La Jornada* podían ser carteles. Así los llegamos a ampliar en fotocopias en la escuela. Comencé a diseñar carteles en la universidad, buscando clientes que los requirieran y al mismo tiempo comencé a estudiar filosofía y, si bien no terminé esa otra carrera, me quedé trabajando en el área de difusión cultural, al mismo tiempo que hacía mi servicio social en el departamento de publicaciones de la ENAP. Ahí diseñamos el logotipo de la Comisión de Derechos Humanos del Distrito Federal y me invitaron a ser diseñador en dicha comisión. Ahí, durante algunos años diseñaba carteles mensualmente con tirajes grandes y que se pegaban en las paredes y los postes de la ciudad. Un cartel llevó a otro, con distintos temas: comencé a diseñar carteles para películas del Instituto Mexicano de Cinematografía, carteles para los conciertos de la Sala Nezahualcóyotl, carteles para universidades, como la Universidad del Claustro de Sor Juana, con decenas de temas distintos de difusión cultural: ferias del libro, conciertos, lecturas, cineclubs... En nuestro taller de diseño, comenzamos a formar colectivos de carteles, con los diseñadores de nuestra generación y con temáticas sociales y políticas, cuyas discusiones en los temas y en las formas nos acercaron gremialmente. Nos llegamos a preguntar sobre la eficacia de dichos carteles y a veces optamos por convertirlos incluso en calcomanías. Un cartel no distribuido no sirve. Leí textos de cartelistas, algunos tan fuertes como el de Roman Cieślewicz, en el que decía que los eventos de carteles con sus propuestas de carteles inéditos estaban llevando al cartel a perder su verdadera eficacia y vocación, en las calles, en los pasillos. Esos trabajos en colectivo nos llevaron a relacionarnos con los diseñadores que nos precedían, con los maestros, con quienes vimos que nos unían más puntos en común que los desacuerdos motivados por los avances tecnológicos. Comencé a enviar mis carteles a concursos, y algunos obtuvieron reconocimientos, conocí a colegas que admiro, y mi trabajo obtuvo una difusión a nivel internacional entre los colegas. He tenido exposiciones de estos carteles en varios países. Escribí alguna vez que he viajado con papeles distintos a los boletos de avión o al dinero: los carteles.

Hacer carteles

1.¿Qué es un cartel? Se me ocurre decir que es un papel pegado a una pared que pretende conseguir cierta reacción del que lo ve. Me encanta encontrarme con los carteles "no profesionales" que las personas fijan: no tirar basura, se rentan cuartos, se vende comida... Son anuncios directos, con los recursos que se tienen a la mano. Me gustan mucho los carteles impresos de autores anónimos que anuncian bailes, conciertos, con el desparpajo de quien quiere llamar la atención. Son mensajes efectivos y que han desarrrollado una estética y un gusto en sus asistentes. Son carteles vivos y se siguen haciendo porque consiguen un fin, porque están distribuídos, porque se ponen donde la gente los ve y se entera. Están, de alguna forma, fuera del discurso del diseño. Pienso que hay que reconocer los valores y las enseñanzas de estos carteles que no se toman tan en serio a sí mismos. Atienden una causa concreta y la anuncian. Los primeros carteles de los que hablo, generalmente papeles escritos a mano, están colocados en lugares estratégicos: en el barrio, en la tienda, en postes. Los otros son masivos, atiborrados en la vía pública, muchas veces en espacios donde no se permite pegarlos, y sin embargo ahí están. Dichos carteles desaparecen bajo el siguiente cartel del siguiente evento.

2. Soy afortunado: me encargan muchos carteles para anunciar eventos culturales: cine, teatro, conciertos, coloquios, festivales, libros, exposiciones, danza. Son carteles que se publican y se distribuyen. Siempre me pagan por mi trabajo (no siempre con dinero). Me gusta pensar que una vez cumplida su función, estos carteles son testimonio de las actividades culturales que se hicieron en determinado día, mes y año.

3. Así como los carteles se usan en otros formatos, como postales y anuncios de prensa, también son efectivos en el mundo virtual y las redes sociales. Eso sí, es un placer encontrarlos impresos y fijados a una pared o soporte vertical.

4. A mí me pasó que por ver carteles que me gustaban, se me antojó diseñarlos. Y son inolvidables en mí. Espero que algunos carteles míos lleguen a provocar esto en alguien más.

Nombrar

Esto no es
¡Ven, Hada!
Yo veo
¿Qué papel juega?
Armo con letras las palabras
Un cuadrado, un círculo y un triángulo
Dos círculos centrados
Conversaciones y discusiones
Otros títulos
Siempre di nunca
Pasado en limpio
¿Cómo? ¿Cuándo? ¿Dónde? ¿Quién? ¿Por qué?
La delgada línea que divide el lado izquierdo del derecho
¿Por qué se rompen las cosas si yo las trato tan bien?
La imagen invisible
Picabia era Martínez

1. ¿Cómo empezaste a dibujar?

Desde niño me gustaba dibujar. Así que lo continué haciendo hasta el día de hoy. La verdad es que es una actividad que me entretiene y divierte mucho. Viendo dibujar a los niños, te das cuenta de que incluso es un proceso que sirve para entender el mundo —nuestra ubicación espacial, explicarnos conceptos, estados de ánimo, imaginación y construcción de realidades, entre muchísimas otras cosas—. Dibujar hace que te fijes más en lo que estás viendo, que pienses más en lo que te estás. imaginando, y encontrar particularidades en lo que a veces puede pasar desapercibido.

Además, dibujar es un proceso tan personal que cuando utilizas un dibujo en una aplicación de diseño lo vuelve también personal, y por lo tanto distinto (en la medida en que los seres humanos podemos ser distintos). Cuando un diseño es distinto, puede, según yo, establecer un lazo con un posible espectador.

Por otro lado, disfuto mucho de algunos dibujos que no tienen rasgos particulares del dibujante (aparentemente), como pueden ser las instrucciones de salvación en un avión, o los dibujos que representan el lenguaje de señas de los sordomudos.

Entiendo las letras como dibujos y creo que, fijándonos en sus rasgos como tales, podemos como diseñadores encontrar en nuestro trabajo de diseño las fuentes tipográficas que nos convenga más utilizar.

2. Acerca de tu estilo, me imagino que al comienzo de tu carrera muchas veces te preguntaron que por qué no aprendías a dibujar bien. ¿Te costó trabajo mantener tu estilo a pesar de las críticas negativas que seguramente has de haber recibido?

En la universidad teníamos clases de dibujo con modelos, en las que teníamos que dibujar académicamente y en forma "realista". Me gustaba mucho y pienso que pude hacer algunos dibujos que semejaban bastante lo que estaba mirando. Como *proceso* (y subrayo *proceso*), un buen dibujante es al que le provoca gozo dibujar. El dibujo académico sin duda parte de una mirada afilada. Uno de los textos que leíamos para esas clases era el de Betty Edwards (*Aprender a dibujar con el lado derecho del cerebro*, ¿o era el izquierdo?, no lo recuerdo). Comenzabamos con garabatos, después dibujábamos los contornos exteriores; en fin, todo un método.

En el libro había ejemplos de antes y después, en los que veías los progresos de los dibujantes. Curiosamente, los dibujos "bien hechos" y que representaban las cosas tal cual eran me resultaban menos interesantes que algunos de los dibujos "mal hechos", en los que por ejemplo, el retrato del ser amado era en realidad un ser monstruoso, o esquemas que los principiantes arrastraban desde la infancia (y que realmente me provocaban ternura, esto dicho sin la menor ironía).

Respecto a la pregunta, pienso que uno como diseñador debe tener un estilo de profundidad, más que de apariencia. De esta forma puedes tener horizontes más abiertos: a veces utilizas un dibujo, a veces un collage, a veces sólo letras. Con estilo de profundidad me refiero a elementos que tienen que ver más con la personalidad de cada quien, y añades eso a las capacidades técnicas que puedas tener. En mi caso, recurro al sentido del humor, a la ironía, a lo trágico, a lo agridulce y a lo salado. Si te la pasas repitiendo un esquema de apariencia, puede ser muy aburrido. El reto pudiera ser incorporar ese estilo de profundidad a un lenguaje gráfico lo más vasto posible.

3. Vi un cartel tuyo que decía: "Diseñar para diseñadores y no para la gente es como comer tu propia caca y que te sepa rico". Sin embargo, tu estilo, creo que es muy poco convencional y podría parecer muy "trasgresor" para el no conocedor. ¿Nos podrías comentar acerca de esto?

Volvemos quizás al tema de la forma y el fondo. En muchos de mis trabajos, la forma puede ser muy sencilla, y en el fondo aspiro a generar contenidos de diversas capas y distintos niveles. Un buen ejemplo pueden ser los dibujos que se ven en algunos baños públicos, en los que los dibujos son fácilmente reconocibles y que están cargados de significados escatológicos, sexuales y algunas veces filosóficos. Son dibujos que entiende un finlandés y un chino.

4. Veo que tu trabajo tiene más que ver con el "contar algo" que con un ejercicio netamente plástico. ¿Qué es primero para ti en términos de inspiración? ¿El mensaje o la forma?

Pienso que en el trabajo del diseñador, ambas son importantes: qué dices y cómo lo dices. Hay proyectos en los que los contenidos son muy específicos, y conviene que su forma sea lo suficientemente peculiar para que en el hueco entre los contenidos y las formas se genere un nuevo espacio llenado por la visión de quien lo ve. Hay otra clase de trabajos en los que los contenidos son tan emocionantes que requieren una representación menos explosiva.

Lo que pasa es que muchas veces asumimos que el fondo es el mensaje objetivo del cliente, y la forma pudiera depender de la subjetividad del diseñador. El diseñador debe relacionarse con ambas y el trabajo será más interesante si podemos generar contenidos paralelos. Un cartel es, desde mi punto de vista, más interesante si efectivamente decimos muchas más cosas en él que solamente las fechas y el "contenido específico".

5. Hablando más sobre esto, ¿es un conflicto para ti la dialéctica entre función y forma? ¿Te pasa que quieres decir algo, pero no encuentras una forma que lo logre o imaginas una forma a la que le falta un mensaje? ¿Puedes liberar al diseñador del narrador o al narrador del diseñador?

Ningún conflicto, de hecho primero vives y después diseñas. Con esto quiero decir que las experiencias cotidianas son lo que alimenta tu trabajo. Volviendo al tema del dibujo: yo dibujo porque me gusta hacerlo, y no por pensar que esos dibujos me servirán posteriormente para un trabajo. Pienso que en general las personas ejercemos una gimnasia creativa que es mucho más interesante que cualquiera de las cosas que luego vemos publicadas. A veces cuando voy en el metro me pongo a imaginar las vidas de los pasajeros o a tratar de imaginar qué van pensando. Estoy seguro de que muchos de los otros pasajeros lo hacen conmigo. Es impresionante ver el amasijo de cosas que vamos pensando al mismo tiempo, combinando lo transcendental con lo tonto, lo triste con lo gracioso, la realidad con lo fantástico, lo simple con lo trágico.

Mientras más gimnasia mental practiquemos más amplio será el nivel de ocurrencia-respuesta que después utilizemos en nuestra disciplina de diseño gráfico.

5. Vi algunas muestras de tu trabajo y pienso que es muy cinematográfico, en el sentido que yuxtapones conceptos diferentes para que el espectador haga su propia síntesis de su yuxtaposición, que es la base de la teoría del montaje. ¿Te suena esta apreciación de tu trabajo?¿La crees acertada, pues?

Ojalá que en mis trabajos se logre ese espacio en el que los que lo miran puedan completar el diseño. Pienso que en algunos casos el diseño puede ser una pregunta que tiene la posibilidad de ser respondida en varias direcciones.

6. ¿Encuentras inspiración en el cine? Te lo pregunto por esta onda de contar a través de imágenes.

Totalmente, de las cosas que más me gustan del planeta Tierra es el cine.

7. Nuevamente acerca de tu estilo, debe ser difícil crear, encontrar y mantener un estilo así de puro y diferente sin que sea forzado y se mantenga a pesar de las tendencias del momento. ¿Algún consejo acerca del estilo para los diseñadores que comienzan?

Una recomendación podría ser no tratar de buscar un estilo de apariencia, éste llegará solo y, en el mejor de los casos, se irá solo, también. Lo más interesante es la búsqueda. Y la búsqueda es trabajar mucho.

Memorial de ilustraciones

Si desprendemos una ilustración del texto al que acompaña, ¿puede funcionar por sí sola? Creo que sí. Hay ilustraciones que aun descontextualizadas (descontando el texto al que acompañan) siguen teniendo una narrativa por sí mismas. Pronto cumpliré treinta años de trabajar como diseñador. Siempre me gustó dibujar. Mucho de lo que diseño lo acompaño con dibujos.

Las ilustraciones siempre aparecen junto a un texto: lo acompañan, lo contradicen, lo complementan o, incluso, son un trampolín para lanzarse a otras ideas. Pero en esta exposición propongo reflexionar sobre lo que pasa cuando las imágenes viven fuera de las páginas impresas, independientes de lo escrito.

El proceso para crear ilustraciones siempre cambia. Puede ser absurdo, intelectualizado, conceptual o hasta sentimental. Lo dicta el objeto impreso, el texto que uno va a ilustrar y el objetivo que se tenga: ser tremendo, simpático, enternecedor o chocante, o también lo que se desee producir en el lector. Las técnicas varían tanto como las ideas mismas.

Las imágenes pueden volverse parte de tu memoria, quedarse contigo para siempre.

Hallazgo

Picabia era Martínez & Gomringer, Rodríguez.

Varias de las imágenes, textos o versiones de lo que aparece en este libro han sido publicadas o impresas entera o parcialmente en diversas publicaciones:

Páginas 17, 23, 24-25, 27, 32, 33, 41, 51, 57, 69, 75, 127. 128-141, 146-157, 165 - 179, 199, 204-205, 211-213, 217-231. *Revista Gatopardo*, sección Postal, 2014-2020.

Páginas 34-39. "Menos 30. Ilustradores menores de 30 años", Galeria Vértigo, 2014.

Páginas 42-48. Texto leído durante el II Congreso Iberoamericano de Lengua y Literatura Infantil y Juvenil (CILELIJ) en Bogotá, 2013.

Páginas 58-65. Texto para la publicación que acompañó la intervención en la fachada del Museo de Arte Contemporáneo de Oaxaca, 2010.

Páginas 80-81. *Revista Tierra Adentro*, 2014.

Páginas 82-89. Cuadritos para las librerías La increíble librería, 2016-2018, y Librería La Moraleja, 2020-2022.

Páginas 98-113. Esquema del texto de la exposición "Los libros que me han marcado", en la Biblioteca Vasconcelos, 2016.

Páginas 142-145 y 158-165. *Revista Letras Libres*, 2020, 2021.

Páginas 188-197. *Revista Fuera de Margen*, 2017.

Páginas 200-201. Varias versiones, *Prólogo Estudos, rabiscos e desenhos*, de Kiko Farkas, Bebel Books, 2020.

Páginas 231-237. Proyecto especial del Congreso de la Alianza Gráfica Internacional, 2018.

Páginas 238-239. Fragmento del texto para la exposición "Otra chance" de Sergio Grande, 2021.

Página 240. Fragmento del texto para la exposición "Ñiko 80", 2021.

Página 241. Texto para la exposición "Carteles Valencianos 2000-2020", 2020.

Páginas 243-246. Textos para distintos catálogos de la Bienal Internacional del Cartel de Bolivia.

Páginas 248-252. Fragmento de la entrevista a Alejandro Magallanes por Iván W. Jiménez, *Revista Ene O*.

Página 253. Fragmento de texto de introducción de la exposición "Memorial de Ilustraciones", Librería Carlos Fuentes, 2019.

255

Le
RECORSamos
de la manera
más atenta
que también
SU CUERPO
es usted.

Las letras son dibujos de Alejandro Magallanes
se terminó de imprimir en el mes de octubre de 2022
en los talleres de Diversidad Gráfica S.A. de C.V.
Privada de Av. 11 #1 Col. El Vergel, Iztapalapa,
C.P. 09880, Ciudad de México.